# 藏经洞打开了百年悲欢

CANGJINGDONG DAKAI LE BAINIAN BEIHUAN

王睿颖　著

读者出版传媒股份有限公司
甘肃教育出版社

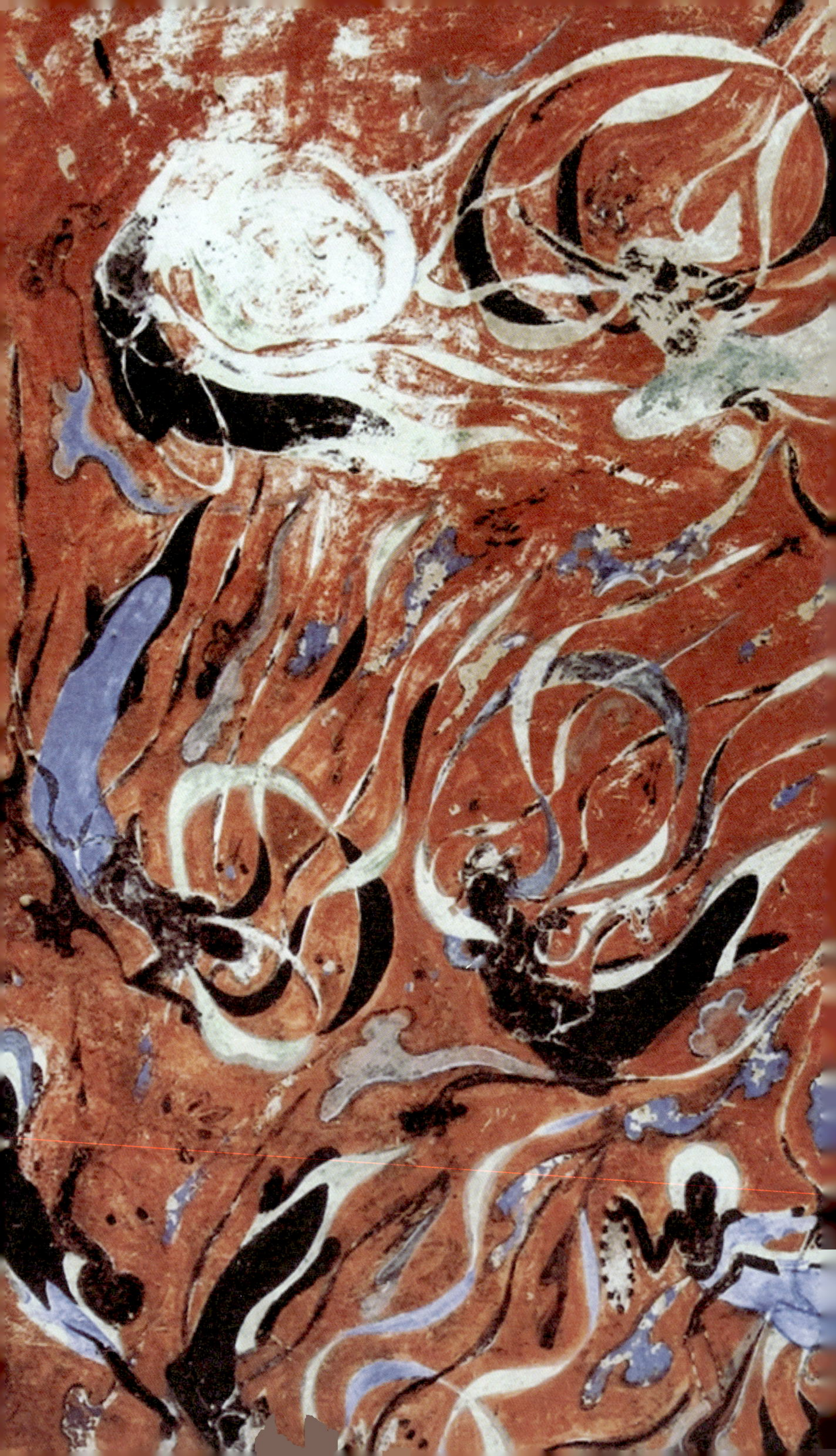

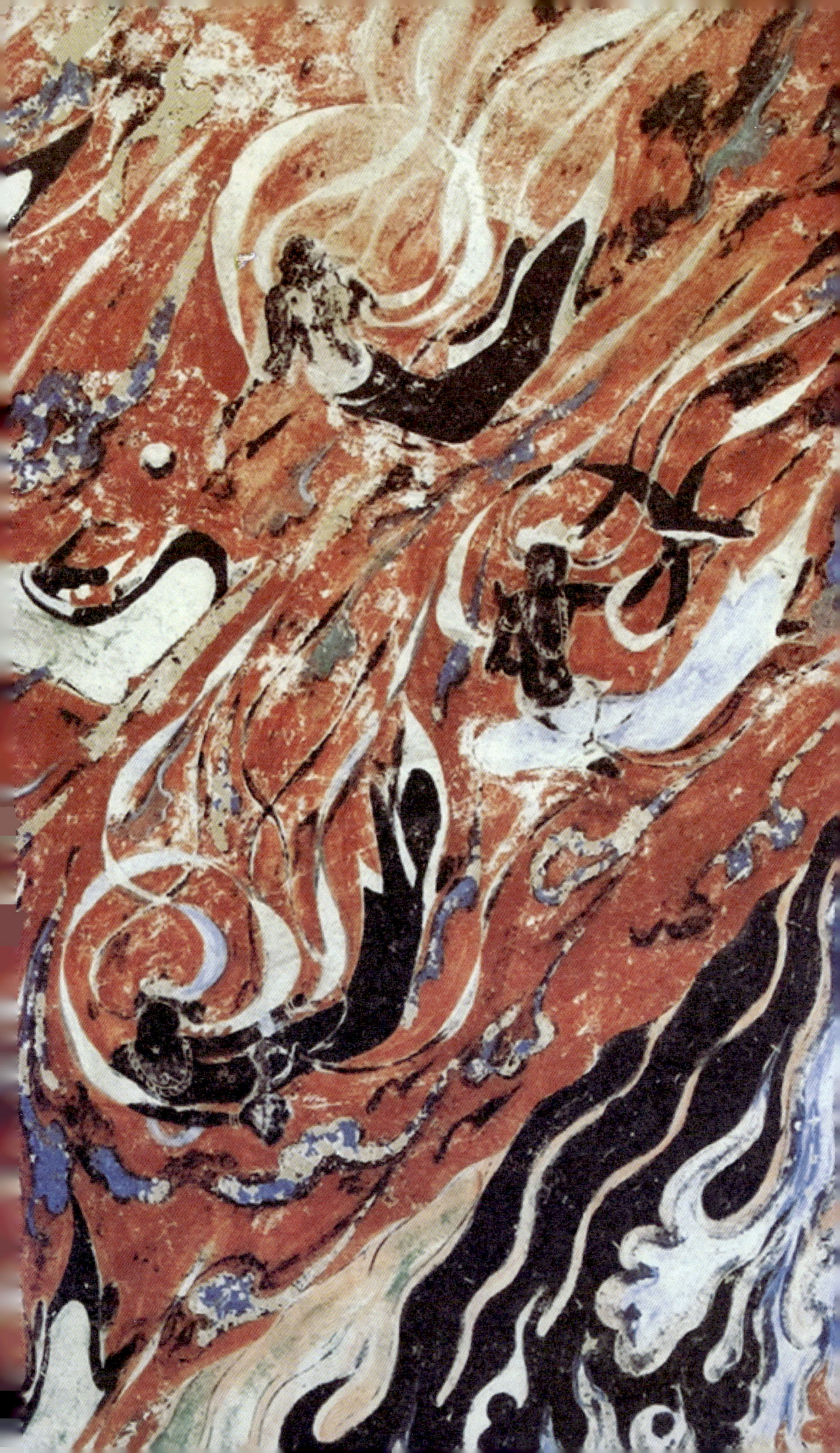

图书在版编目（CIP）数据

藏经洞打开了百年悲欢 / 王睿颖著. -- 兰州 : 甘肃教育出版社，2020.11
ISBN 978-7-5423-4900-2

Ⅰ. ①藏… Ⅱ. ①王… Ⅲ. ①敦煌石窟一史料 Ⅳ. ①K879.21

中国版本图书馆CIP数据核字(2020)第128398号

藏经洞打开了百年悲欢
CANGJINGDONG DAKAI LE BAINIAN BEIHUAN
王睿颖　著

策　　划　马永强
项目执行　李慧娟
责任编辑　王露莹
书籍设计　张小乐　而　谈

出　版　甘肃教育出版社
社　址　兰州市读者大道568号　730030
网　址　www.gseph.cn　E-mail　gseph@duzhe.cn
电　话　0931-8439931（编辑部）　0931-8435009（发行部）
传　真　0931-8773056
淘宝官方旗舰店　http://shop111038270.taobao.com

发　行　甘肃教育出版社　印　刷　成都市金雅迪彩色印刷有限公司
开　本　880毫米×1230毫米　1/32　印　张　7.25　插　页　4　字　数　151千
版　次　2020年11月第1版
印　次　2020年11月第1次印刷
印　数　1~3 000
书　号　ISBN 978-7-5423-4900-2　定　价　58.00元

# 目录

# 目录

1017

# 前言

王睿颖

关于敦煌，中国人的传说从未停止，从百年前的藏经洞的发现，到近期的敦煌儿女坚守莫高窟。

这是一片神奇的土地，可以把全世界不同信仰的人们吸引到这个佛教圣地，仅为瞻仰她美丽的洞窟艺术；这是一片神圣的土地，无数的艺术家、文献家甘为她呕心沥血，仅为洞见她封存的秘密；这是一片令人神伤的土地，国人最初是从外国人手中看见她的宝藏，仅是那一瞥，终身再也无法忘怀。

敦煌莫高窟将一直和这几个名字联系在一起：王圆箓、斯坦因、伯希和。他们撞开了藏经洞的门，然后一路挥洒着、大笑着扬长而去，就如同撕开我们残存的遮羞布，让伤口赤裸裸地滴血、滴血。

“这是一个巨大的民族悲剧。”

中国的普通民众不断地听说“敦煌者，吾国学术之伤心史也”，他们不知道中国的敦煌学者需要研究藏经洞出土文献的时候要去外国图书馆卑微地借阅，或者匍匐在缩微胶片放大机上逐字斟酌。只有当他们亲身站在洞窟中看到整幅壁画中间突兀的一方空白时才能真切地感觉到失去的痛楚。

“王道士只是这出悲剧中错步向前的小丑。”

王道士生前肯定想不到自己会在身后如此有名，一个失地的农民，一个四处讨生活的人，破壁而出的宝藏，不见主人索要，小心翼翼的，谁知被别人骗了去，自己落了一场空，以为结局不过如此，谁知身后骂名一片。

“当冒险家斯坦因装满箱子的一队牛车正要起程，他回头看了一眼西天凄艳的晚霞。那里，一个古老民族的伤口在滴血。”

无论英、法、日、俄、美哪个国家的探险家，当他们带着莫高窟的宝藏满载而归的时候，无疑是一种胜利的喜悦，无论他们是为探险发掘还是刺探情报而来，他们最终刺痛了一个泱泱大国的骄傲。

到了今天，敦煌、莫高窟、藏经洞，对于普通的人民大众来说是一个旅游景区，对于一个艺术家来说是朝圣之地，对于一个历史学家来说是心碎之地。所以早在几十年前，陈寅恪先生就曾痛心疾首地呼喊说：“敦煌者，吾国学术之伤心史也。”这“伤心”二字，涵盖了无数知情人的感情，无数个人悲喜就综合成了历史的悲喜，于是就有了这《藏经洞打开了百年悲欢》。

本书主要分为三个部分。第一部分“亲历者的悲欢”，走过历史的人们自觉或者不自觉地影响着历史，他们共同书写了历史。历史中的人们慢慢成长，有自己的快乐与不快。对个人而言，也许仅是一瞬间，但是对于历史长河来说，瞬间便成永恒，历史再也无法更改。对敦煌学而言，正是这样的无数个偶然造就了今天的国际显学。

这一部分主要讲述敦煌藏经洞文书被盗掘的历史。与其他书籍不同的是，除了讲述，本文还致力于探讨历史人物的偶然性活动与历史发生的关系，其实就是人物的偶然“悲欢”与历史的必然结果。

第二部分“亲近者的悲喜”，敦煌文书盗掘史中还有另外一个不得不讲述的群体，那就是敦煌学者。早期的敦煌学者们致力于收藏保护文书，他们的悲喜成为后代研究者眼中的史料。这部分主要讲述敦煌学者在研究过程中的各种辛酸苦辣。其中包括“研究成果之喜”，主要讲述经历了研究缺乏资料的阶段之后，新世纪以来，由于各地藏敦煌文书的陆续发布，研究成果日新月异，呈现出一派辉煌之色。

以上这两个大部分正印证了“百年悲欢”的早、中、晚三个阶段。

本书第三部分“历史中的悲喜”，是一些敦煌世俗文献选，是为不了解敦煌文献的读者朋友们介绍百年来炙手可热的敦煌文献当中，到底书写了什么，给我们带来了什么故事和心情。敦煌故事不仅是属于现代的，也属于那些文献当中记载着的人们的充满酸甜苦辣的生活。

# 亲历者的悲欢

# 王圆箓与莫高窟藏经洞的发现

莫高窟现在已经成为游览胜地，游览的必到之处就是举世瞩目的藏经洞，说到藏经洞一定绕不过它的发现者——道士王圆箓。

## 王圆箓其人

一滴水可以反映整个世界，一个人的命运可以映射一个时代。中国历史里的那一天——1900年6月22日，让无数中国人心痛悔恨，一个人在这种思潮和情绪中一直被国人念念不忘，他就是道士王圆箓。在中国历史中，道士王圆箓的名字已经被载入史册，甚至通过余秋雨《道士塔》一文而家喻户晓、妇孺皆知。

根据王圆箓徒子赵明玉、徒孙方至福为他撰写的《太清宫大方丈道会司王师法真墓志》，我们可以大致推断出王圆箓的生平。

王圆箓

王圆箓，法号法真，出生年月不详，卒于1931年，据学者研究推断王道士终年八十岁左右，生活在1850—1931年间。关于他的籍贯问题，根据敦煌人郭璘撰写的《重修千佛洞三层楼功德碑记》和王道士本人1911年撰写《催募经款草丹》都明确记载是“湖北省麻城县人”。但是清末敦煌县知县陈泽藩（1909—1910年署任）在卸任前，于1910年10月20日给继任者申瑞元（1910—1911年在任）写了移文，文中写到“汉中王道士”，后来此说法被多次引用。有研究者结合这两种说法，认为他应该是湖北麻城人，后经汉阳到达汉中，故对于其籍贯有两种说法。关于他来到肃州的原因，在他的墓志中说是因为逃避饥荒，后代学者的研究中写道他先在肃州巡防军为卒，后退伍成为道士居住在莫高窟下寺中。

《重修千佛洞三层楼功德碑记》

我们现在知道莫高窟是一个佛教圣地，现存洞窟735个，里面有美妙绝伦的壁画4.5万平方米、泥质彩塑2415尊，是世界上现存规模最大、内容最丰富的佛教艺术地，又被称为“墙壁上的图书馆”，分为南区和北区，北区是僧侣修行、居住、瘗埋所在，南区则主要是寺院区。据学者考证，莫高窟南区曾经存有17个寺院。到1831年，原住喇嘛在已有的雷音寺一墙之隔新建了皇庆寺；同时，南区北端的几个洞窟中又陆续有人活动。后来，由于地形原因，当地人又把雷音寺叫作“上寺”，皇庆寺被称为“中寺”，南区北端又被叫作“下寺”。不同于上寺与中寺，下寺只有洞窟没有地面建筑。

莫高窟中寺（敦煌艺术研究所和早期的敦煌文物研究所办公室）

作为一个到处讨生活，终于找到栖身之地的中国传统农民来说，一定要找到自己的坐标和任务，这样才更符合农民勤劳善良的本性。对于王道士来说，找到住处仅仅是第一步，下一步就是要站稳脚跟，于是王道士选择了忙时以道士的本分做道场向众人化缘，闲时则考虑衣食住行的问题。在战火连绵的旧中国，衣食无法挑剔，交通无法改善，唯一能改变的只有“住”。怎样能住得稍微好一点，怎样在原住喇嘛的注视下，和平又友好地扩大自己及道教的“势力范围”，对王圆箓来说，这是一项重要的历史使命。最后王圆箓做了一个艰难而大胆的决定，那就是自己动手丰衣足食，他利用宗教活动和化缘得来的报酬积极地在下寺开始改造工程，包括扩大水源、窟前绿化、流沙治理等活动。他邀请了一位杨姓助手帮助他一起清理洞窟中的积沙。清理积沙是一项无趣而劳累的工作，我们可以想象这位老杨在休息的间隙，一手抽着烟，另一只手百无聊赖地拿着沙漠里最常见的、长度和硬度都还不错的芨芨草到处按按戳戳。

据说1900年6月22日这天，在现在编号为第16号的窟中，老杨像往常一样把一根芨芨草插进墙壁的缝隙中，一根芨芨草插到头但是还没有像往常一样被深处的墙壁挡住，这个不经意的发现让老杨心头一动。这天夜里，王圆箓和老杨悄悄来到这深不可测的墙壁前一探究竟。他们铲掉了墙上的壁画露出了墙体，本以为会有财宝在这神不知鬼不觉的夜里破壁而出，谁知在墙壁背后只发现了一个新的洞窟，即今天编号为第17窟的藏经洞，与众不同的是，里面摆满了古代的佛教写经。这个发现多多少少有些令二人沮丧，于是又将墙体复原。

## 藏经洞内的文物

藏经洞是个不规则的方形小窟，长、宽为2.7米左右，高度为2.5米左右，可利用的空间不过19立方米左右，初打开之时的景象已不可考，只能想象“见者惊为奇观，闻者传为神物”。但是据八年后伯希和的记录及当时的照片我们可以一窥藏经洞中的盛况。伯希和在《敦煌石室访书记》中说：“1908年3月3日清晨，入此扃秘千年之宝库。发露迄今，已逾八载，往来搜索，实繁有徒，藏弆之数，意必大减。迨入洞扉，令人警愕！洞之三隅，积累之深达二迈当又五十，高过人身。卷本二三大堆，至巨大之藏文写本，则与版挟之，堆置洞隅。”从图片中我们可以看出，纵使在八年之后，藏经洞文书的码放还是非常整齐有序的，加之那是一个极为狭小的所在，数目众多的文献必须摆放整齐才能容纳，所以估计藏经洞中的文物在起初应该是排列有序、秩序井然的。

刚刚取出的藏经洞文书经帙合一的情形

藏经洞内的写经、文书和文物粗略估计大约有六万多件，其时间跨度上起东晋初，下迄北宋中，历经700余年。其中数量最多、价值最大的古代经籍文书，又被称为“敦煌文献”，品类涉及天文、历法、历史、政治、经济、军事、外交、地理、宗教、社会、民族、文学、戏剧、音乐、文字、舞蹈、绘画、书法等，现在主要存于英、法、日、俄和中国的相关收藏单位。

## 藏经洞是洪䛒影窟

敦煌藏经洞，即今莫高窟第17窟。由于在该窟发现了约5万卷文献而得名，但该窟最初却不是藏经之用。

17号窟外景

首先，要先说说敦煌高僧洪䛒，这位高僧本姓“吴”，即吴和尚、吴僧统。他父亲带领全家随军移驻敦煌，后来吐蕃占领敦煌，其父拒不出仕，其长兄早逝，其次兄笃信佛教，他童子出家，精通佛事，悉心研读汉经梵典，兼习番文藏语，成为出色的译经僧，被吐蕃赞普委任为“释门都法律兼摄行教授”，十几年后又升迁为“释门教授”，主持译场寺院中贵族子弟学校的文化教育及其他宗教事务工作。张议潮大中起事后，洪䛒派弟子悟真随张议潮所派入朝使同赴长安。唐宣宗赞洪䛒“惟孝与忠，斯谓兼美”，大中五年（851年）敕授洪䛒为“京城内外临坛供奉大德”及“河西释门都僧统知

洪䛒像（选自《盛世和光》第178页）

沙州僧政法律三学教主”，赐紫衣及各色信物，并亲示诏书，勉辞委婉，慰问“夏热”，恩宠殊异。

唐懿宗咸通三年（862年），洪䛒去世后，其下属僧徒或吴姓本家，改寺庙存放粮食的“廪室”为纪念洪䛒的影堂。

第17号窟西壁龛内，嵌有石碑一通，即高僧洪䛒的告身碑，碑高1.5米，宽0.7米，为唐大中五年沙门洪䛒立，记录了洪䛒一生事迹。碑文三段，从上而下分别是洪䛒告身、敕牒诏书、敕赐衣物录本，记录了洪䛒在当时的社会影响力和受到官方认可的情况。作为第17窟内唯一有文字记载的资料间接证明了此窟与洪䛒有关。

第17号窟北部中有一座禅床式低坛，北壁中部画有两棵枝叶交接的菩提树，东侧树枝上悬挂一个净水瓶，西侧树枝上挂着一个挎带。树东侧画比丘尼一身，着袈裟，双手捧持绘有对凤图案的团扇一柄。树西侧画执杖的侍女。壁画中的物品和人物，与僧人生活和供奉僧人有关。后来敦煌研究院工作人员将放在别处的洪䛒塑像安放在低坛上，大致恢复了洪䛒影窟在当时的样子。据估计，洪䛒塑像本应是放在低坛上的，但是到后来需要把第17窟改成藏经洞时，就把洪䛒塑像移到了别处。

除此之外，第17窟其他墙面并无壁画，营造了影窟的庄严肃穆之感。

## 藏经洞的封闭

既然第17窟原是洪𧅉和尚影窟，那又为什么成为藏经洞呢？

根据学者们对文书内容的研究以及对当时社会状况的推测，主要有两种观点。

一种观点是“避难说”，以伯希和、罗振玉、姜亮夫为代表的一些学者认为根据写卷上题写的时间年号来看，有明确纪年的最迟写卷是宋初太平兴国（976—983年）及至道年间（995—997年）的写本，而且全洞卷本中没有一卷是西夏文字的。所以推测藏经洞封闭的时间应该在997年之后、11世纪前半期之前，应该就是1035年西夏占据瓜、沙、肃诸州，僧人在奔命的匆忙之间封闭了藏经洞。荣新江先生也持“避难说”，但是他认为从现存写本年代的统计可知，藏经洞的封闭应在1002年之后不久，不应晚到伯希和提出的1035年西夏的到来。从1002年往后，西北地区最重要的历史事件，首先就是1006年于阗佛教王国灭于信奉伊斯兰教的黑韩王

藏经洞内景

朝。黑韩王朝是经过近40年的血战才攻下于阗的，他们对于阗佛教毁灭性的打击，应当是促使三界寺将所得经卷、绢画等神圣的物品封存洞中的直接原因。而由于黑韩王朝并未马上东进，所以，封存活动是主动而有秩序地进行的，并且在封存好的门前用壁画做必要的掩饰，以致当事者离开人世后被人们长期遗忘。

另一些学者持“废弃说”，主要以斯坦因、方广锠为代表，他们认为1002年至1014年，敦煌已向内地乞求配齐了藏经，故旧经书废弃不用，为了爱惜纸张特藏于洞中。

除此之外，还有学者持“排蕃思想说”“供养法物说”“末法思想说”等，但是当我们还没有更新的材料发现的时候，以上的所有观点都只是推测，还不能真正解决这一重要问题。

## 王圆箓的角色转变

大约在1899年，当王圆箓最初来到莫高窟的时候，上寺和中寺已经有喇嘛居住，作为一个外来人口，找到一个住处并不是一件很容易的事，生活应当是谨慎而小心的。为了理所应当地长久居住下去，王道士开始了他的下寺改造工程。同时，自从1900年6月22日这个晚上发现了一屋子古物，而不是传统意义上的宝物之后，着实让王道士苦恼，于是他从一个发现者变成了献宝者。只不过这献宝之路并不平坦。

发现藏经洞之后，谨小慎微的王道士首先徒步行走50里，赶往县城去找敦煌县令严泽，并奉送了取自于藏经洞的两卷经文。王道士的目的很明确，就是为了引起这位官老爷的重视。可惜的是这位姓严的知县或许是身体有恙无暇他顾，只不过把这两卷经文视作两张发黄的废纸而已，后来他于当年12月死在任上。

1902年，敦煌又来了一位新知县汪宗翰。汪知县是位进士，对金石学也很有研究。王道士向汪知县报告了藏经洞的情况。汪知县当即带了一批人马，亲去莫高窟察看，并顺手拣得几卷经文带走。留下一句话，让王道士就地保存，看好藏经洞。

两次找知县没有结果，王圆箓仍不甘心。于是，他又从藏经洞中挑拣了两箱经卷，赶着毛驴奔赴肃州（酒泉）。他风餐露宿，单枪匹马，冒着狼吃匪抢的危险，行800多里，才到达目的地，找到了时任安肃兵备道的道台廷栋。廷栋是位满族官员，对于汉文化了解并不多，拿着王圆箓贡献的文书浏览了一番，最后得出结论：经卷上的字不如他的书法好，就此了事。

1902—1906年间，时任甘肃学政的金石学家叶昌炽通过汪知县知道了藏经洞的事，对此很感兴趣，并向汪知县索取了部分古物，遗憾的是，他没有下决心对藏经洞采取有效的保护措施。

叶昌炽

王道士献宝不成，但是发现古物的消息却在坊间一直流传。

自此之后，王圆箓从献宝者又还原为最初的化缘修葺者。他开始积极地为他复兴宗教的宏愿而努力，敦煌豪门大族、官府等都成为他的施主，当然他的大施主应该还有后来闻风而动的斯坦因、伯希和等人。

# 斯坦因循着玄奘的足迹而来

在中国古代，玄奘代表一种勇于进取的精神，和一种不畏艰险的人生态度。在中国人的脑海中，他是一个不达目的不罢休的宗教象征。当斯坦因来到莫高窟的时候，玄奘只是一个漂亮的借口，是一种肤浅压倒另一种愚昧的最后一根稻草。

## 一个努力奋斗的青年

1862年11月26日，斯坦因出生在匈牙利布达佩斯一个犹太教家庭，排行老三。当时，犹太人是受迫害的民族，毫无社会地位，不能上学，不能从事各种专业工作，只能居住在“盖特欧”里面。这个区域四周围着高墙，居民日落以后和星期天都被锁在里面，严禁外出。他父母为儿子的前途着想，决定让他接受基督教的洗礼，洗礼后起名马克·奥里尔·斯坦因。

1872年，斯坦因10岁，被送往德累斯顿的克罗施勒学校学习。在这所学校里，他除了原本就掌握的本民族匈牙利语和官方语言德语之外，又学会了希腊语、拉丁语、法语和英语。

斯坦因从克罗施勒学校毕业后，便返回家乡进入语言学校，为上大学做准备，并开始了对东方学的研究。在求学期间，有两个人曾指导过斯坦因的学业，一个是蒂宾根大学印欧语言学和宗教史教授鲁道夫·冯·罗特，另一个是维也纳大学印度语言学和古代史教授、印度古文字学方面的权威乔

斯坦因

治·比勒。斯坦因跟随他们学会了梵语和波斯语。他们不仅传授给斯坦因深奥的学识和当时最先进的知识，更重要的是启发他在相互关联的学问里发现问题，而且还帮助他确定了研究方向。1883年，斯坦因在蒂宾根大学获得了哲学博士学位。

学业完成之后，斯坦因下一步的人生目标就是获得一份满意的工作。怎样才能如愿为自己谋得一个东方学研究的教师职位呢？斯坦因开始向他的老师乔治·比勒看齐。像其他大多数欧洲梵文学者一样，在被聘至维也纳大学任教之前，乔治·比勒一直居住和生活在印度。比勒在印度的这番经历使斯坦因建立了信心，他也可以通过在印度的相同经历争取教授职位。而且，到印度去并不是一件可怕的事，早在1819年，36岁的乔玛经土耳其、埃及和波斯行抵布哈拉，之后又经喀布尔和拉合尔到达克什米尔，发现了长期不为欧洲人所知的藏文文献。虽然他最后死在遥远的喜马拉雅山下，但是他传奇般的经历成为爱国主义的象征，最终刺激起国民对东方学研究的兴趣，也激发了不止一个匈牙利人的想象力，以这样或那样的方式或理由前往东方。斯塔因不是第一个，也不是最后一个，所以对年轻的斯坦因来说，这是一条可以效仿也比较接近成功的道路。后来，在斯坦因前往中亚的途中，他不仅从爱国者的角度，而且还以一位教授的身份声明了自己与乔玛的关系。他们两人都为了理想而离开故乡，而且心甘情愿地接受孤独。

怎样才能去印度呢？斯坦因知道，只能像乔玛那样，通过东印度公司这个途径。东印度公司建立于1600年，是英国侵略印度的主要工具。英国通过东印度公司对印度领土蚕食鲸吞，到1849年，整个印度沦为英国的殖民地，东印度公司完成了其历史使命，九年后被取消。英国政府直接统治了印度，要去印度只能从英国起程。于是，到英国去，便成为斯坦因的下一个目标。

其实，在斯坦因1883年获得博士学位后，从匈牙利政府获得了1884年至1886年在伦敦牛津大学、剑桥大学从事东方语言学和考古学的博士后研究津贴。但在1885年，由于强制性的军事训练，他中断了在伦敦的学习，回到卢德维卡学院、匈牙利军事测绘学院参加军训一年。在这里他学会了当时最先进的军事测量方法，这项技术在以后的中亚探险中发挥了极其重要的作用。1886年他回到伦敦继续学习。在学业即将完成的时候，在英国著名东方学家亨利·罗林森和亨利·玉尔的推荐之下，斯坦因被派往印度成为旁遮普大学的注册员和刚刚建立的拉合尔东方学院的负责人。斯塔因的人生规划在不断地努力中逐渐看到曙光。

## 斯坦因考察的准备工作

1888年至1898年，斯坦因在旁遮普大学就任注册员和东方学院负责人。在这10年间，他进一步扩大自己的学术视野，确定自己的奋斗目标，一直以来想要成为教授的想法，已经不能满足他对学术的追求，他想要去做更加具有挑战性的工作——去中亚内陆探险。

当时学者们对于新发现的古文字文书非常感兴趣，据说这些文书都出自中国新疆塔克拉玛干沙漠南缘的和阗附近，其文字是印度婆罗米文，但语言都是人们还不知道的一种非印度语言。古文字文书的历史价值是不言而喻的，但是这些文书几乎都是由当地的寻宝人发现的，他们不能提供有关文书的任何信息，学者们都无法确定这些文书的真伪。因此，进行一次有关文物被发现的地点和环境的考察迫在眉睫。此时的斯坦因正好身处印度，距离很近，而且斯坦因精通突厥语及其同族语言，同时他还是一个在克什米尔地区及其周边地区从事考古学的专家，有进行考察的丰富经验。

经过多年的准备和深思熟虑之后，1898年9月10日，斯坦因向印度政府提交了前往中国新疆考察的申请书，要求地方政府和最高当局支持他计划的一次对中国新疆和阗地区及其周围古代遗址的考古考察旅行。至于选择和阗地区的原因，斯坦因解释说，根据历史记载，今和阗地区曾经是古代的佛教文化中心，再加上当时出土的古代文书、钱币、雕刻等文物，说明通过对这些古遗址的系统发掘，将会得到关于印度古代文化研究极为重要的发现。

关于考察的经费问题，斯坦因申请由旁遮普大学和印度政府共同承担，作为回报，他将把找到的所有东西交给印度政府以便存入大英博物馆，经政府同意后，可以把一部分赠送给提供资助的其他学术团体。

为了让考察更加顺利，斯坦因还请求印度政府通过外交部与中国政府联系，帮助他获取在中国旅行必需的护照或允许。为了在和阗地区行动更加方便，他希望得到和阗地方当局的支持，他请求印度政府能帮助他争取到由中国中央政府或省政府给和阗的办事大臣发去通知，证实他已获准勘察或考察和阗辖区中所有古代遗址，在这类遗址上进行发掘，拥有其中出土的文物，如有人出售，他还可购买这类文物。

最终，1899年元旦前夕，这个思维缜密的青年终于获得了许可，内务部和财政部批准了他的和阗之旅，外交部也同意与中国当局交涉有关事项。1900年初，英国驻北京的公使应英国驻印度总督寇松勋爵之请，办好了斯坦因前往中国新疆的护照。至此，斯坦因的所有准备工作完成，他开始了第一次中亚探险。

## 斯坦因的第一次考察

斯坦因的第一次考察从1900年5月31日开始，于7月30日到达喀什噶尔（即喀什），英国政治代表马继业夫妇在那里迎接他。

斯坦因在喀什噶尔度过了盛夏的两个月。在这里，他请道台向和阗发出明确指示，要给他提供必要的帮助，以保证运输、供应、劳工以及行动、发掘、考察的自由。一切准备就绪后，他于9月11日告别了马继业，途经叶尔羌向和阗进发。

斯坦因到中国探险的护照

到达和阗的前一站是皮山，和阗的“寻宝人”

曾说他的“古书”大多是在皮山、和阗之间沙漠中的古代遗址中发现的，于是斯坦因便对这里进行了挖掘，最终一无所获，继续向和阗前进。在和阗，斯坦因没有亲自发掘到文书，但是在这里进一步证实了学者们对于出土古书的怀疑。

12月7日斯坦因向和阗以北沙漠96公里处的丹丹乌里克进发。丹丹乌里克遗址位于策勒县达玛沟乡北90公里，系唐代遗址。房屋建筑遗迹以佛寺最多，平面呈“回”字形，中央土台塑有佛像，土台四周围回廊，在回廊的墙壁上绘有壁画，有菩萨、小千佛等形象以及婆罗米文题记。从佛像和壁画反映的内容来看，当时生活在这里的居民信奉的是大乘佛教。这里出土了大量的珍贵文物，有木版画、古钱币、众多的汉文、梵文、于阗文和婆罗米文文书。斯坦因在遗址中捡到一些有“开元”年号的中国铜币。在挖掘其建筑时，发现了几页用婆罗米文字书写的佛经，接着又发现了更多的文书。1901年1月2日，斯坦因在给印度政府的汇报中说：“在沙漠里这个古遗址度过的最后数周中，古代梵文、突厥文和汉文手抄本的出土以及佛教壁画方面取得了有趣的成果。它们都是从沙漠遗址中清理出来的。”

丹丹乌里克考察结束后，斯坦因前往尼雅遗址。尼雅遗址位于民丰县城以北150公里的尼雅河尾闾，塔克拉玛干大沙漠的腹心地区。1901年由斯坦因首次发现，他又于1906年再度对该遗址进行调查发掘，斯坦因两次共发掘废址53处，掘获佉卢文木简721件，汉文木简、木牍数件以及武器、乐器、毛织物、丝织品、家具、建筑物件、工艺品和稷、粟等粮食作物。另外，他还对遗址进行了测绘。

1901年7月，斯坦因的第一次中亚探险在伦敦结束。他很满意地把从沙漠中出土的古代文物，临时存放在大英博物馆这个安全的休憩之地。不论这些文物还是他拍摄的800余块玻璃底片，在长途跋涉中都毫无损坏。由于他胜利带回的大量古文物急需整理和编写目录，原来印度政府委派在英国从事这项工作的6个星期远远不够，于是负责印度事务的国务秘书又给他延长了6个星期。随后，斯坦因写了三本书来叙述他的第一次探险：一是《中国新疆考古：地理探险旅行初步报告》，是1901年回到伦敦后不久写成的；二是两年后出版的《沙埋和阗废墟记——个人笔记》；三是1907年问世的两卷本巨著《古代和阗》。三本书虽然记述的是同一次探险，但侧重点不同。第一部是探险的简报。第二部“个人旅行笔记”则由日记、现场记录、给家人朋友的信函组成，其中讲述了全部情节：计划和日程、障碍、得到的教训、挫折和成功、当天的冒险和行走荒漠的艰难等。《古代和阗》是一部学术著作，详细记述了遗址发掘的情况，并附有大量文物图片。

## 斯坦因第二次中亚探险与千佛洞骗宝

由于第一次中亚探险所取得的卓越成就，斯坦因成为炙手可热的东方学者。1902年，斯坦因参加了在汉堡举行的第十三届国际东方学家大会，大会赞扬了斯坦因的中亚考察工作。同时，匈牙利地理学会会长洛克齐在会上报告了他1879年在我国西北考察地质期间，看到的令人惊讶万分的敦煌千佛洞艺术。他的报告，激发了斯坦因前往敦煌考察的决心。这正如斯坦因自己所说："在第一次中亚探险以后几年，我便计划从事第二次探险，并很想将这一次的探险扩展到中国西北边界上的甘肃省去。我的朋友匈牙利地质调查所所长洛克齐教授曾同我说及敦煌东南的千佛洞佛教石窟寺，因此更大大地促进了我的愿望。"

1904年初，斯坦因开始策划第二次考察。1904年9月4日，斯坦因向政府提交了考察的详细计划书，即赴和阗—罗布淖尔—沙州探险考察。经过政府财务部、外交部、税务和农业部门以及印度考古调查部门的论证，斯坦因第二次赴中亚探险的计划于1905年底被批准。

1906年4月20日，由8人组成的斯坦因考察团从印度出发，他们穿越帕米尔高原到达喀什噶尔，在喀什噶尔聘请了中国师爷蒋孝琬作为他的翻译和助手。他们沿着丝绸之路东行，于8月份到达和阗，然后对昆仑山的地形进行了勘测。

12月，斯坦因到达若羌，在若羌当地官员的帮助下，斯坦因雇了30个工人和两个曾跟随过斯文·赫定的猎人做向导，并备足了能维持到敦煌的补给品。路上又挖掘了楼兰遗址，清理出了300件至400件藏文文书；发现了米兰壁画。

1907年3月12日，斯坦因到达敦煌。当时他还不知道千佛洞发现藏经洞的事。原准备只在敦煌待10天，简单地考察一下千佛洞，并在敦煌补充一些粮食和饮水，然后就去罗布泊沙漠进行考古发掘。但到达敦煌不久，他就从一位定居在敦煌的乌鲁木齐穆斯林商人扎西德·伯克那里，听到了几年前王圆箓在莫高窟发现藏经洞遗书之事。他认为藏经洞发现的“这种宝物很值得去努力侦察一番”，所以就迫不及待地向千佛洞跑去。

当他们3月16日到达千佛洞时，很可惜王道士外出化缘了，藏经洞已装上了门锁，钥匙由千佛洞住持道士王圆箓亲自掌管。斯坦因进不了藏经洞，只得暂时离去。3月23日至5月15日，斯坦因在敦煌沙漠北部的绿洲中工作。回到城中正逢5月19日农历四月八浴佛节，为不引人注目，更怕众怒难犯，他不敢下手，只好等到5月21日再来莫高窟。这天他初次见到了王道士。斯坦因后来记录说王道士看来是一个很奇怪的人，极其狡猾机警，一见面就知道这个人不易捉摸。因为怀有不可告人的目的，斯坦因表现出对藏经洞没有兴趣，说他是来千佛洞拍摄壁画照片的，只字不提藏经洞的事，只让中国翻译蒋孝琬去和王道士周旋。蒋师爷和王道士周旋了很久，直到斯坦因许诺会给王道士布施一笔捐款后，王道士终于同意斯坦因可以看看一些藏品的样品。当蒋孝琬暗示说斯坦因实际上想买一些卷子时，王道士一下子就变得焦躁不安，之前同意让斯坦因看一部分卷子的事也几乎泡汤。正如斯坦因自己所说的那样，他拿所有的金钱来引诱王道士同他的寺院，但还不足以胜过王道士对宗教的情感，或者激起众怒的畏惧，或者两者都有吧。

金钱没有像预料的一样打开藏经洞的大门，斯坦因只得再想其他办法。5月22日下午，当他请王道士领着自己参观洞窟并且介绍自己的维修工程时，王道士对斯坦因逐渐有了好感。正好王道士把斯坦因领到画有唐僧

蒋孝琬

故事的壁画面前，画面上玄奘站在一条湍急的河流岸边，他的坐骑驮着佛经站在一边，一只大龟向着玄奘游去，要去帮助他把佛经驮过河。作为一个东方学家，斯坦因对于玄奘取经的故事实在太熟悉了，于是大讲特讲他是玄奘的忠实信徒，他用很有限的中国话向道士述说自己多么崇奉玄奘，以及如何循着玄奘的足迹，从印度横越峻岭、荒漠而来。淳朴天真的王道士显然是被他的话感动了。谈完玄奘的话题后，蒋师爷单独留下来与王道士周旋。快到傍晚时，蒋孝琬第一次看到了藏经洞的藏卷，并带走了一些以便认真阅读。直到深夜，蒋孝琬把王道士偷偷借给他的一捆汉文卷子藏在黑色长衫下悄悄进入了斯坦因的帐篷，给斯坦因展示过之后，蒋师爷就把一小捆经卷带回他自己的小屋，连夜进行识别研究。

5月23日天刚亮，蒋孝琬惊愕地向斯坦因报告，一些经卷上有题署，有些题署表明，佛经是玄奘从印度带回并亲自从梵文译为汉文的。听了这一消息，斯坦因也很惊讶，并让蒋师爷去报告王道士。王道士听后更是惊愕不已。蒋孝琬说，只有一种解释才说得过去，即阴曹地府的玄奘亲自选定这一时辰，把这些神圣的佛经展示在斯坦因面前，以便这位来自遥远印度的虔诚信徒和弟子能把它们带回印度老家去。在蒋孝琬这种半神话的影响下，5月23日中午，王道士终于为斯坦因打开了藏经洞的铁锁。这是斯坦因第一次看到藏经洞的内景，他看见卷子紧紧地一层一层地乱堆在地上，高达十英尺左右（一英尺约等于三十厘米）。

从5月23日下午开始，斯坦因和蒋师爷在藏经洞旁王道士修建的侧室里翻检文书，王道士则把卷子一捆一捆地搬到侧室里让他们研究。所有的卷子都表明它们曾经被阅读和被触摸过，这些文书既有汉文、藏文的，也有梵文和中亚婆罗米文的，另外还有用“未知”语言写成的，在文书的保存方面这里的文书堪称之最，另外除了佛经之外，还有许多绢画和帛画，都是佛教题材的内容，有的是纯粹的印度画法，有的则掺杂中国画法。王道士对佛画的兴趣不大，斯坦因和蒋孝琬一面许诺要给布施钱，一面借机把挑选出来的一些佛经和佛画放在旁边，王道士看见后也没有提出异议。

看到王道士并不是非常果断，斯坦因决定由蒋师爷一个人采取行动。当夜，蒋师爷果然抱着白天挑选好的卷子来到斯坦因的帐篷，这让斯坦因非常兴奋。自那之后，直到5月28日，斯坦因和蒋师爷白天都在侧室里翻检文书，晚上则由蒋师爷将挑选出的文书偷偷运到斯坦因的帐篷，后来甚至用车辆运载，一共运了七个晚上才结束。在藏经洞文书全都清理出洞窟之后，斯坦因对藏经洞进行了全面的观察和测量。

斯坦因的行李车停在敦煌县城一寺庙前

而这所有的一切，除了之前答应过的布施之外，仅有一个条件，那就是在斯坦因离开中国国土以前，这些“发现品”的来历，除他们三人之外，不能让别人知道，不能让任何人知道他们之间的交易。

虽然条件得到了斯坦因的首肯，王圆箓心中还是惴惴不安，宣称要去和施主们商量商量，在当天锁上了藏经洞的室门。但这未能引起斯坦因的重视，毕竟他已经到手了为数众多的珍贵绘画、非汉文写卷及其他文物，再说通过多次的交往，他已经了解到征服王道士不过是钱款的问题。最终又添加了50捆完好的汉经文卷轴和5捆吐蕃文的文书，王道士一共得到了4块马蹄银的布施（马蹄银即银元宝，每个50两）。

在把藏经洞文书完全翻检过一遍，得到了许多宝藏之后，心满意足的斯坦因开始打包，准备运走，为了更好地保护这些货真价实的宝藏，他共用了一周的时间装箱。王道士也趁这个机会到敦煌绿洲去化缘了，否则就会引起施主们的怀疑。另外，他也想到外面去听听风声，看看他们的秘密有没有被别人发现。一周之后王道士返回千佛洞，一切如常，所以王道士也不再胆小怕事了。斯坦因又乘机欺骗王道士说他的举动是拯救这些经卷，让西方的学者去加以研究，就这样轻而易举地又骗得了20个卷轴。之后，他们约定，以给寺院布施的方式再给王道士个人一些酬劳。

斯坦因在藏经洞骗得的宝藏，数量庞大，仅文书就装满了7箱，绘画和刺绣品共300多幅。他于1907年6月12日离开莫高窟，于6月17日到达安西，将藏经洞文物存放在安西直隶州衙门，然后前往万

斯坦因由吐鲁番赴焉耆的护票

佛峡考察，7月22日下午到达甘州，于9月25日左右返回安西，取回六月份寄放在安西衙门的17箱古代手稿等。

由于斯坦因在敦煌的骗盗行为并没有泄露，他便给王道士写了一张字条，蒋孝琬拿着字条又秘密地去了一次千佛洞。这一次蒋师爷收获颇丰，从王道士处得到了230捆手稿，大体包括3000件经文，绝大部分是汉文佛经和藏文佛经。这一次所得，甚至比斯坦因五月、六月所得的总和还多。最后斯坦因把装满写本的24口箱子和另外5口装满了绘画绣品以及其他美术遗物的箱子，运送到了英国伦敦。当所有的箱子最终抵达伦敦大英博物馆时，斯坦因终于长出了一口气，此生无憾矣。在地球的另一端，道士王圆箓高兴地使用斯坦因施舍给他的总共不超过130英镑的钱开始了他的复兴大业。

出席授勋仪式的斯坦因

回到印度之后，斯坦因受到了政府有关部门的欢迎。皇家亚洲学会孟买分会将旨在纪念约翰·坎贝尔爵士而设立的东方研究金质奖章颁发给他。

第二次探险结束后，斯坦因于1911年11月写出了这次考察的个人笔记——两卷本的《沙埋契丹废址记》，1912年在伦敦出版；其正式的考古报告是《西域考古图记》，又译为《塞林提亚》，副标题为《在中亚和中国西陲考察的详细报告》，共5卷，于1921年由英国牛津大学出版社出版。

斯坦因是第一个进入藏经洞的学者，第一个进入藏经洞的外国人，也是第一个获得藏经洞文书的外国人，他因为第二次中亚探险声名鹊起。他循着玄奘的道路而来，将佛经带回了“老家”，也为名不见经传的王圆箓“博”得了一个名垂史册的机会。一喜一悲，同时上演。

# 精挑细选的伯希和

斯坦因捷足先登后，紧接着来了法国人伯希和。由于伯希和是世界上著名的汉学家（“汉学”又称“中国学”），所以他盗去了敦煌遗书中最精华的部分。

## 伯希和其人

伯希和，1878年出生于巴黎的一个商人家庭，中学毕业后进入现代东方语言学院学习汉语，这个语言学院从属于法国汉学中心，此时法国的中国学权威沙畹正在汉学中心主持中国学讲座，伯希和因此成为著名中国学专家沙畹的高徒，开始了对中国学的研究。

伯希和

法国汉学中心始建于1814年12月11日，在原先的法兰西学院设立了汉学讲座，从此之后，整个19世纪中，法兰西学院是法国唯一研究中国历史、文学、语言和文明的学术机构，不仅对法国的汉学研究，而且对整个欧洲的汉学研究都有决定意义，这也是西方高等院校第一次把汉学列为正式学科。到20世纪，它在这些领域发挥了领导作用。

1899年，伯希和被选拔为印度支那古迹调查委员会的寄宿生，来到河内。1900年，该会改名为法兰西远东学院，伯希和成了该院的首批成员。1900年2月，由于他潜心研究汉籍目录版本、熟悉汉语文献，被派到北京为法兰西远东学院图书馆和博物馆收集藏书。1901年，年仅23岁的伯希和受聘为法兰西学院汉语教授。1904年，伯希和回到法国，不久又返回河内。

正在此时，欧洲及俄国的一些“考察家”“探险家”纷纷涌入我国西北地区，连续发现了许多古代遗址，并窃走了我国大量的稀世珍宝。对此，法国的中国学研究者十分眼红，也不甘落后。于是，由法国金石和古文字科学院以及亚细亚学会出面，组织了一个“考察”我国西北地区的法国考察团，伯希和被选拔为这个考察团的团长。

## 与藏经洞三次擦肩而过的总统队友

同意了伯希和考察团计划之后，法国政府接下来的工作就是为考察团铺平道路。首先要解决的就是要取得国际中亚考察协会的中央委员会同意。这个委员会设在俄国圣彼得堡，由俄国外交部主管。正在此时，俄国刚刚经历过日俄战争（1904—1905年），对战争进行分析之后，俄国人认为未来清朝与俄国也难免一战，为了提前准备战争策略，俄国军事当局非常想获取中国西北的各种材料，他们需要一位间谍来帮助收集相关的军事资料。当俄国军事机构发现伯希和考察团筹备的考察线路正好符合他们的军事需要时，迅速决定安插一名间谍进入伯希和考察团来完成这个任务。

曼纳林

俄国安排了出生于芬兰大公贵族家庭的曼纳林进入伯希和考察团。1906年春天，俄军总参谋部给曼纳林下达了间谍任务：“俄国总参谋部命令曼纳林沿着中国的西北边疆和北方边疆，从固定的行军路线上搜集资料和军事统计数据，地域包括新疆、甘肃省、陕西省、河南省、山西省……为了战略的目的，曼纳林必须调查通往喀什噶尔的道路，以及再经过兰州通往北京的道路，为的是找到一条将骑兵和独立的、装备有各种武器的部队运送到兰州的最好途径。”这些便是曼纳林的总体目标……最后还要评估一下将兰州作为一个军事基地是否合适。

曼纳林接到这个任务后，于1906年7月29日到达安集延，与伯希和考察队会合。8月30日考察队到达喀什噶尔。经过一个月的互相排斥和争吵，到达喀什噶尔后，伯希和和曼纳林两支队伍都不愿意再忍耐对方，两队分道扬镳。10月6日，曼纳林队伍离开喀什噶尔，完成南疆的考察之后，于1907年7月24日到达迪化，即今乌鲁木齐。在乌鲁木齐，曼纳林拜访了新疆的大小官员，其中与因义和团运动而被发配到新疆的皇室成员载澜交往最为密切。可惜的是，四个多月后伯希和从新疆官员和载澜处获得了敦煌发现了藏经洞的消息，并因此取得了大成就，但是未见载澜或其他人告知曼纳林这一消息的记录，这是曼纳林与藏经洞的第一次擦肩而过。

曼纳林团队在北疆考察结束后，于9月25日到达吐鲁番。在吐鲁番考察期间，曼纳林考察了许多古代遗址，获取了大量吐鲁番文书。之后，于10月25日到达哈密。恰巧，从敦煌返程的斯坦因此时正在哈密对截获文物重新装箱，他把离开安西前新获的文书装在了12个箱子里。很可惜，曼纳林与斯坦因并未碰面，距离藏经洞消息最近的一次机会就这样溜走了，这是曼纳林与藏经洞的第二次擦肩而过。

离开哈密之后，曼纳林团队于11月9日到达安西，11月14日到达敦煌县城。曼纳林将军的回忆录中记录，他曾到达莫高窟并参观了藏经洞，但是他的日记却并未记载此事，于是引起了学者的关注。通过对曼纳林日记11月20日的记录来看，11月18日曼纳林的确准备出发前往莫高窟，可是在路上将军发现了猎物于是去打猎，谁知打猎花费了太长时间，没有时间再前往千佛洞，最终与藏经洞擦肩而过。这是距离最近的一次错过，可以称为家门口的错过，正是这一次错过，成就了之后匆忙赶来的伯希和。不过，上天是公平的，错过了一次作为探险家扬名世界的机会，上天为曼纳林准备了另一个作为政治家扬名世界的机会。1917年俄国“十月革命”爆发后，芬兰从俄国独立出来。1918年，曼纳林任芬兰摄政，1931年，曼纳林任国防委员会主席，1939年至1944年第二次世界大战期间，曼纳林任芬兰军队总司令、元帅。1944年至1946年，曼纳林就任战后芬兰第一任总统。

## “汉学大师”伯希和在敦煌

伯希和的考察团只有三个人。其中，伯希和负责考古、语言和历史，路易·瓦扬博士分管地形、地质、植物、动物，还有一位是摄影师查尔斯·努埃特。

1906年6月15日，伯希和率领考察团离开巴黎，搭乘火车经莫斯科和奥伦堡，10天后抵达塔什干，7月29日到达安集延，然后进入中国，8月30日到达喀什噶尔。由于伯希和的首要目的是库车，因此在喀什短暂逗留后，考察团便向库车进发。6个星期后，他们到达库车，在库车共进行了8个月的考察，收获了目前伯希和库车收集品和伯希和梵文收集品的几乎全部的文献资料，可谓收获颇丰。

库车考察之后，他们转移到乌鲁木齐，准备补充生活必需品之后越过沙漠前往敦煌。这时，他们还不知道敦煌藏经洞发现遗书之事，只是计划去敦煌进行拍照，并对千佛洞的壁画和塑像进行研究。伯希和于10月9日至12月12日在乌鲁木齐休整，同时拜访当地官员。伯希和从伊犁将军长庚和原广西提督苏元春那里知道了甘肃敦煌发现藏经洞的事，还看到了一些藏经洞文献。在一次新疆官员的宴会上，伯希和认

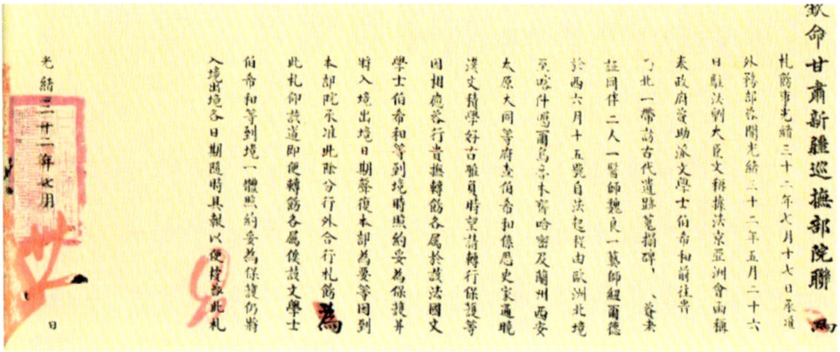
欽命甘肅新疆巡撫部院聯 為
札飭事光緒三十二年七月十七日承准
外務部咨開光緒三十二年五月二十六
日駐法劉大臣文稱據法京亞洲會函稱
本政府資助派文學士伯希和前往貴
國北一帶訪古代遺跡蒐搨碑、、資來
證同伴二人一醫師魏良一攝師紐爾德
於西六月十五號自法起程由歐洲北境
至喀什噶爾烏魯木齊哈密及蘭州西安
太原大同等府查伯希和係思史家通曉
漢文精學好古驗員時望請轉行保護等
因相應咨行貴撫轉飭各屬於該法國文
學士伯希和等到境時照約妥為保護並
將入境出境日期聲復本部為要等因到
本部院准此除分行外合行札飭 為
此札仰該道即便轉飭各屬俟該文學士
伯希和等到境一體照約妥為保護仍將
入境出境各日期隨時具報以便核咨此札
光緒三十二年七月 日

伯希和等人赴新疆游历的札文

识了曾经见过藏经洞绘画的收藏家裴景福，并讨论过藏经洞绢画。最让伯希和记忆深刻的，却是被发配到新疆的清室皇族载澜赠送给他一部藏经洞出土的《法华经》，此举促使伯希和改变了既定的考察计划，迫不及待地赶赴敦煌藏经洞，于1908年2月到达安西，2月14日到达敦煌县城，2月25日伯希和首次前往莫高窟。谁知，王道士又进城化缘去了，于是伯希和安排瓦扬绘制地形图，请努埃特照相，他自己则抄录作为断代鉴定主要根据的题识，描绘每个石窟内的壁画。之后，伯希和在敦煌县城找到了王圆箓。此时，王圆箓已经利用斯坦因布施的款项开始了莫高窟下寺太清宫地面建筑的施工，当伯希和在县城找到他时，他发现伯希和压根不知道斯坦因购买经卷之事，这就给他吃了定心丸，认为这些洋人都能保守秘密，于是王圆箓让伯希和先行返回莫高窟，自己随后就到。此时的王圆箓已经具备了一定的交流和谈判技巧，在还未允许伯希和进入藏经洞的日子里，他告诉伯希和有关斯坦因购买经卷和布施之事。聪明的伯希和已经心领神会，他明白自己也需要像斯坦因一样“布施”。

1908年3月3日，伯希和首次进入藏经洞，原本早有心理准备的他还是被眼前的一幕惊呆了，他在回忆文章中说，本以为藏经洞发现已经八年有余，里面的藏经估计已经不多了，谁知他看到小小的藏经洞里堆放着两三大堆高过人头的

伯希和在藏经洞中挑选敦煌卷子

经卷，粗略估计有一万五千卷至两万卷，如果要细细地翻阅一遍，大约需要六个月时间，这是现实不允许的，于是他决定粗略快速地翻检一遍所有的文书，看看文书当中有没有学术界还不了解的新资料。

在之后的三个星期，伯希和一直在进行文书的挑选。在挑选中，他把卷子分为两类：一类是其中的精华，不论多么艰难，也要不惜一切代价弄到手；另一类为凡品，也很需要但并不是必不可少的。他还经常把自己最喜欢的精品偷偷藏在外套里带回住处。检查到了后期，他不仅要继续查看文书，还要跟王道士接洽购买与布施的事情，就算这样他也没有放弃任何一个纸片。就这样，经过大约每天1000份的紧张挑选，他基本上将剩余的文书检查了一遍。

按照他的选取标准，他将佛教《大藏经》未收的佛教文献、带有年代的文书、非汉语文书搜罗一空。接下来就是更为艰辛的购买过程了，讨价还价和谈判是在王道士和伯希和两个人之间秘密进行的，甚至连伯希和的助手都没有参与。同时，王道士仍然要求所有人对藏经洞之事绝对保密。最终伯希和以500两白银（约90磅）的价钱购得了所有挑选出来的文书。伯希和所获文书当中，除了数目可观、质量精良的写经之外，还有220多幅绘画品、21件木雕、丝织品残片和画幡、经帙等。特别值得一提的是，伯希和还在莫高窟北区的第181窟、第182窟（敦编464窟、465窟）的积沙中，发现了许多西夏文、回鹘文、藏文文献。

5月30日，伯希和考察团带着丰富的宝藏离开了莫高窟，他们经过兰州、西安、郑州，于1908年10月5日抵达北京。他派助手将绝大部分所获藏品运往巴黎，自己携带一箱样品途经上海、无锡、南京，于12月中旬返回河内。在南京，伯希和与著名的藏书家缪荃孙会面，缪荃孙在日记中记录说伯希和说藏经洞里有唐人写经七千余卷，缪荃孙仅说“奇闻也”，再无他话。1909年，伯希和结束了河内法兰西远东学院的工作，拟任法兰西学院中亚学讲座教授。

缪荃孙

1909年5月，伯希和从河内再度来华为法国国家图书馆购买图书，经上海、南京、天津，在南京期间，伯希和拜访了两江总督端方与缪荃孙。之后于8月中旬抵达北京。然而正当其完成购书使命，准备起程回国之际，伯希和“敦煌得宝之风”已开始在北京学术界传扬。首先知道此事者，乃是与端方、缪荃孙等关系密切的董康，经他介绍，罗振玉、王国维等学者于中秋节赴伯希和住处拜访参观，同时还影印伯氏所携文书8种、传抄1种。并与伯希和协商，准备将其已运回巴黎的敦煌经卷全部照相印刷。10月4日，北京的部分学者及官员在六国饭店设宴招待伯希和。出席招待会的有学部侍郎宝熙、京师大学堂总监督刘廷琛、经科监督何劭忞、侍读学士恽毓鼎、学部参事官江翰、京师大学堂教授王仁俊、国子丞徐坊以及董康、蒋伯斧、吴寅臣等。罗振玉因病未能参加。在招待会上，恽毓鼎举杯致辞，并希望伯希和回国之后将重要文献拍照，寄还中国。伯希和表示说学问乃天下之公器，希望拍照誊写等要求肯定办到。

伯希和所获文书现存法国国家图书馆，艺术品现藏法国吉美博物馆。虽然他仅仅骗购了6000余卷文书，但是作为汉学大师以及他独特的挑选标准，他选取的精品都是最具研究价值的资料。同时，他当时在石窟中的拍照以及对每个石窟的描述、对壁画题记的整理都给后学极大的方便与借鉴。

在敦煌学史上，是伯希和让中国的学术界耳目一新，见识到了敦煌文献的魅力，也是伯希和堂而皇之地拿了我们的宝藏又心安理得地接受中国人卑微的宴请，更是伯希和大言不惭地跟学者们说学问乃天下之公器，但是文献公开这条路我们一走就是近百年。

# 藏经洞劫余文物入藏北京

## 国人始见文书

如前所述，1909年5月，伯希和将骗购的文书安全运往法国后，于1909年8月中旬再次抵达北京。然而正当其准备起程回国之际，北京学术界的学部谘议官王式通和刑部主事董康二人率先听说了伯希和敦煌得宝之事，在美国朋友福开森的介绍下参观了伯希和随身携带的藏经洞文书。此外，一位日本的汉籍爱好者田中庆太郎也听说了此事，慕名拜访了伯希和，伯希和出示了随身携带的几十件。这些炫人眼目的珍品，像唐写本、唐写经、唐刻及五代刻的经文、唐拓本等，引来了北京士大夫学者和对古书有兴趣的人相继拜访伯希和的寓所，见到带来的珍品，参观者无不惊讶。我国学术界立即就伯氏所带的部分卷子写了一份提要——《鸣沙石室秘录》，刊入《国粹学报》。又约其他同志一道影照残卷10余种，编为《敦煌石室遗书》一书，由武进董康诵芬室刊行。

罗振玉

1909年10月2日，罗振玉给《京报》主持人、学部谘议官汪康年写了一封信，信中报告说有一极可恨、可喜、可悲之事，就是敦煌石室所藏唐五代写本之事。可恨伯希和已经把所得文书大部分运回国了，可喜的是他随身携带的一小部分已经被影印，也正在商量已运走文书的拍照事宜，可悲的是据说莫高窟现还有余存若干，但是不知是不是还在。罗振玉给时任学部谘议官的汪康年写这封信的主要目的是希望学部可以出面接洽购买剩余文书。学部没有让罗振玉失望，10月4日，北京24名知名人士为伯希和举办了豪华的欢迎大会，宝侍郎（宝熙）、刘少卿（刘廷琛）、徐祭酒（徐坊）、柯经科监督（柯劭忞）、恽学士（恽毓鼎）、江参事（江翰）、吴寅臣、蒋伯斧、董比部（董康）等人出席了欢迎会，遗憾的是罗振玉因感冒而缺席。其中就有3名学部高官，即右侍郎宝熙、国子丞徐坊、京师大学堂总监督刘廷琛，并在公宴席间做出学部给陕甘总督府拍发电报的决定。次日，学部就给陕甘总督拍发了电报，学部致电甘肃："行陕甘总督，请饬查检齐千佛洞书籍，解部。并造像古碑，勿令外人购买。"同时，京师大学堂也给甘肃发电表示愿意出资购买剩余文书。电报发出一月后，甘肃省就复电学部和大学，说已购妥，共8000卷，3000元。之前，学部因经费紧张不愿出资，但看见只需要区区3000元，于是与大学争抢，最后由学部出资购买，文物亦归学部所有。

## 劫余文献再遭劫

商讨了购买事宜之后，学部委托当时的甘肃代理巡抚何秋辇（彦昇）担任接收和押解，从甘肃敦煌押解经卷至北京，押解差官是何彦昇亲家李盛铎的外甥江西人傅宝华。

王圆箓在1914年给斯坦因描述剩余文献运京时的情景说，当押解官到达莫高窟接收文献时，那些文书被漫不经心地、乱七八糟地塞进6辆大车中。王圆箓不知道，这仅是又一次劫难的刚刚开始。

当运载着藏经洞文书的大车到达北京打磨巷时，傅宝华不把车子送到学部去复命，反而把车拉进了何家。何彦昇之子何震彝（鬯威）先将大车接至家中，约同其岳父李盛铎（木斋）及李盛铎的另一个亲家刘廷琛、何家的

李盛铎

好友方尔谦等，就在家里偷选，将残卷中精美漂亮的文卷私自保留，而后又把卷子中比较长的，破坏截割为多段，以充8000之数。之后才由傅宝华拉车前去学部复命，最终经过仔细清点，移藏学部立京师图书馆的卷子总数是8697号，民国十八年（1929年）移交北平图书馆时增为9871号。后来社会上纷纷议论李、何、刘偷窃文书之事，事情败露，学部右侍郎宝熙上奏，力主追究押运官傅宝华的责任，将傅宝华关在北京。但此时正遇上“辛亥革命”爆发而没有查问。最后经人说情，以“风流罪过”一语盖过，并以“事出有因，查无实据”结案，傅宝华安然无恙地出狱，其他相关人等平安无事。敦煌学史上的一段公案就这样不了了之。

运京文书中的精华大多被何氏、李氏所占有。这批文书也没有逃脱流散的命运。方尔谦所盗窃的遗书当时就流到了市场上，有些经卷被剪开出卖，有些质量上乘的则被要以高价，罗振玉部分收藏就是购自方尔谦。何震彝所藏文献在何去世后，于1918年被罗振玉全部收归囊中。何彦昇旧藏敦煌石室唐人秘籍66种，则盖有“何彦昇家藏唐人秘籍”“合肥孔氏珍藏”“德化李氏凡将阁珍藏”三家印章，从所记目录及文书印记看，这批经卷几经流转，经何氏、孔氏之手才转归李氏，最后收藏于日本京都藤井有邻馆。李盛铎所窃，根据李盛铎自己编录的《李木斋氏鉴藏敦煌写本目录》记载，他“收藏”的敦煌写本共有432件，但也未妥善保存。据1935年12月15日及21日《中央时事周报》刊登的《德化李氏出售敦煌写本目录》所载，李盛铎的敦煌古卷432件，已经“以八万元日金售诸异国”某氏，其实就是卖给了日本人，现存于日本杏雨书屋。

## 王圆箓私藏了文书吗

按理说，劫余文献运京，应当是风平浪静了，但是谁知一波未平一波又起，那边押运官监守自盗案还未有公论，这边就传说王道士私藏了文书。更有甚者在《甘青宁史略》当中说敦煌知县陈泽藩受命去莫高窟清点经卷，令王道士大吃一惊，私下对徒弟说是不是盗卖经卷东窗事发了，徒弟安慰王道士说，师父大可放心，来这里买经的一个是英国人、一个是法国人，后来又来了两个日本人，就算将来真的要对簿公堂，他们都远隔万里，没有证据，不会有差错的了。于是王道士安下心来，跟徒弟又私藏了一部分文书。这段记录现在看起来不甚可信，毕竟在1910年学部发文清点文书之前，日本人根本就没有来过，这一段话应当是小说家之言。但是我们又不难相信，不做亏心事不怕鬼敲门，王道士有可能在神不知鬼不觉的时候打开藏经洞，也有可能在月黑风高的晚上私藏文书。《甘青宁史略》中记载的必然是坊间有鼻子有眼的传说。

根据学者的研究，认为王圆箓在当时手头还是有一部分文书的。

有明确记录说伯希和1908年首次到达莫高窟看到喇嘛们正在第351窟内往两个大木桶中装经书制造转经筒，其中一个已经装满了蒙古人带来的藏文写本，另外一个伯希和认为应该是往里装一些藏经洞出土的汉文写本。这两个转经筒当时也引起了清点官员的注意，1909年10月，陈泽藩向上司汇报了转经筒的情况，并在两个转经筒上加封官方封条。至于两个转经筒中装的究竟是不是藏经洞文书，这很难判断。因为从时间上来说，斯坦因走后王道士应该意识到这些经卷是可以换钱的，未必肯轻易拿出来。另外，没有任何迹象表明在彼时王圆箓有私藏文书的必要。再次，伯希和在记录中说他到达莫高窟的时候王道士出门化缘了，藏经洞的钥匙由王圆箓亲自保管，如果这时喇嘛们手里保存有藏经洞文书，那么管理实在太混乱了，藏经洞文书外流就不能仅仅从王圆箓身上着手了。但是从当时官府就地加封的情况来看，要完全否认转经筒中没有藏经洞文书也是不现实的，也许是有蛛丝马迹的证据指向转经筒。

藏经洞文书运京之后，莫高窟还是有一些残片的。原在北京的罗振玉听说整卷的文书运往北京，但是当地还有很多残片并未押运，于是罗振玉在给两江总督端方的信中说此消息来源可靠、应当不误，应早日发电购买。

藏经洞文书运京前后，敦煌的当地官员们也在积极地趁火打劫、中饱私囊。当属第一的就是时任安肃道台廷栋，廷栋的收藏被学术界称为“廷栋旧藏”，廷栋死后，家中的60箱财物被查抄，其中包括藏经洞文书600卷以上，其中绝大部分都是王圆箓出卖或转移给他的。甚至日本人吉川小一郎在1911年12月23日的记录中就有王圆箓前去衙门出售经卷的记录，此时距离敦煌文献运京已快两年，王圆箓还有经书可出售，可见他还是夹带有私货的。廷栋藏经只是冰山一角，敦煌当地其他官员都被指藏有藏经洞文书。

殆及1944年8月30日，新成立的国立敦煌艺术研究所在土地庙的佛像中发现了一些写本，据当时的亲历者夏鼐记录，土地庙的泥像应是清末或民初的东西，但是里面除了写本之外，听说还有俄文报纸残片。如此说来王圆箓的嫌疑大大增加，不过，新塑佛像都有“装脏”的讲究，即使此事是王圆箓所为，可以定性为“私藏”吗？

由于学术资料的不完备与尚未完全公开，1910年以后来莫高窟的日本人、俄国人、英国人都或多或少地得到了部分藏经洞文书，英国人斯坦因第三次中亚考察所获敦煌文书确认来自王圆箓，关于俄国人得到文书的途径现在不可知。那么，王道士到底有没有私藏文献呢？

# 探险者又来了

1910年藏经洞文书运京之后，又陆续来了几批外国探险队，他们有的从王道士手中购买了他私藏的文书，有的不知从什么途径获得了大批的文书，有的来到空空如也的藏经洞恼羞成怒，裁割壁画、搬运彩塑，绝尘而去。

## 橘瑞超与大谷光瑞考察团

日本人橘瑞超是作为大谷光瑞考察团的成员来中国西北考察的。当时，许多国家的学者公布了中亚考察的发现和研究成果，引起了各国学者的极大兴趣，在世界上掀起了一股来中国西北探险的热潮。可是探险却是一项花费很大、极度艰辛的工作，许多国家都是由国家有关部门筹资组织才能得以成行的。日本的大谷光瑞考察团则是京都西本愿寺第22代宗主大谷光瑞（1876—1948年）个人的事业。当时，

橘瑞超

他作为西本愿寺法主明如上人的嗣子（后接任法主职位），有近一千万信徒施舍财物作为基础，不存在经费问题，便组织了三次赴中国西北考察的探险队，所以一般将日本考察团称为大谷光瑞考察团。

1902年至1904年的大谷光瑞考察团第一次考察，实际是1902年大谷光瑞结束伦敦的学习，在回国途中的考察。大谷光瑞及随行人员渡边哲信、堀贤雄、本多惠隆、井上弘圆自伦敦出发，经柏林、莫斯科，乘火车东南行，然后越帕米尔高原，于9月21日到达喀什噶尔。渡边哲信和堀贤雄留在新疆，在西域考察，大谷光瑞、井上弘圆、本多惠隆三人去印度考察佛教遗迹。因此，大谷光瑞考察团的第一次中亚考察是渡边哲信和堀贤雄进行的。他们于1903年1月到达和阗，然后又北上阿克苏，3月到达古迹众多的库车，对其周边克孜尔、库木吐拉千佛洞和通古斯巴什、苏巴什等古迹遗址进行考察，9月3日到达吐鲁番，发掘了阿斯塔那、哈拉和卓古墓。考察吐鲁番后，他们到达乌鲁木齐休整，再经哈密、兰州、西安，于1904年5月携带收集品回国，从而结束了大谷光瑞考察团的第一次中亚考察。

1908年至1909年是大谷光瑞考察团的第二次考察。这次大谷光瑞派遣橘瑞超和野村荣三郎二人前往中国西北。他

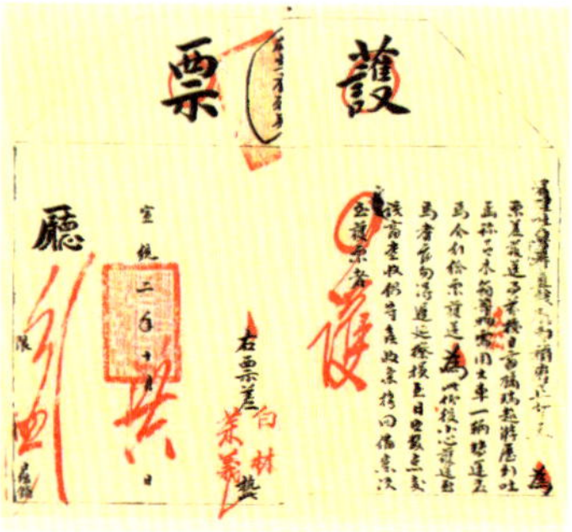
護票

橘瑞超由吐鲁番赴焉耆的护票

们于1908年6月16日从北京出发，出张家口，北越戈壁，进入外蒙古，考察了鄂尔浑河畔古代突厥、回鹘、蒙古等游牧民族的遗迹。然后从库伦（今乌兰巴托）南下鄂尔多斯，越阿尔泰山，考察了天山北麓的唐王朝北庭都护府遗址。10月26日，考察团进入乌鲁木齐，11月初到达吐鲁番，他们对吐鲁番盆地的交河故城、木头沟、伯孜克里克、吐峪沟千佛洞、阿斯塔那、哈拉和卓墓群等古代遗址，进行调查发掘，劫获了丰富的宝藏。

1909年2月，他们两人在库尔勒分手，橘瑞超南下罗布泊，考察了楼兰古城，然后沿南道西行，到达喀什噶尔。橘瑞超在楼兰地区进行了一个多月的考察探险，获取了一批极为重要的文物，其中最著名的是《李柏文书》。野村荣三郎则沿着北道，经库车、阿克苏，于7月到达喀什噶尔，与橘瑞超会合。然后他们在叶城和莎车做了些零星的发掘后，于9月30日离开莎车前往印度。10月18日翻越喀喇昆仑山，10月27日到达列城，11月5日在斯利那加与在克什米尔访问的大谷光瑞会合后便返回日本，从而结束了大谷光瑞考察团的第二次中亚探险。

大谷光瑞考察团的第三次中亚探险开始于1910年8月，结束于1914年，是西本愿寺的最后一次远征，起初只有橘瑞超带着英国仆人霍·布斯前来，谁知仆人在半途患了天花去世。橘瑞超便只好只身前往和阗发掘古物。1911年中国局势不稳，大谷光瑞由于很久没有收到橘瑞超的消息不免担心，于是在1911年5月派遣吉川小一郎经上海、汉口、兰州前往西北寻找。吉川于1911年9月14日到达安西，9月15日在安西电局委员李又庚家里第一次看到藏经洞文书，9月17日李又庚赠送给吉川一部唐经。吉川于1911年10月5日到达敦煌，10月6日在敦煌衙门见到橘瑞超的行李。于是他一方面派人四处寻找橘瑞超，并向新疆各地打电报寻找橘瑞超，一方面又趁等待橘瑞超的机会骗购敦煌文书。

吉川小一郎

根据吉川小一郎的《敦煌见闻》披露，10月10日，吉川带仆从去了千佛洞，打算和僧人（应指王圆箓）交涉，获取唐经。经过长时间的商谈，终于达到了目的。但在日记中未见价钱与交接等记录，说下一次再记录。10月14日晚上维吾尔族人阿米达洪送给他一卷唐经。10月16日，他再次来到千佛洞，进入洞内，取了经文的残片，并住在千佛洞，对千佛洞进行参观照相。23日早晨仔细察看洞窟，在众多的佛像中，他选出两尊做工最精巧、损伤也少的佛像，和僧人交涉之后买下，装入行李。10月24日，他回到敦煌县城。10月25日，王圆箓来住所找吉川，吉川送给他12两银子，以此表示对之前招待的谢意。12月23日，王圆箓来找吉川，据称为了修理洞窟，与肃州府进行了交涉，但因为是非常时期，没能从衙门要到大笔钱。因此来吉川这儿，想卖掉所藏的唐经，但不肯痛快地答应拿更好的东西出来。1912年元旦，前知县申端元要去肃州，前来告别。作为礼品，送给吉川一卷唐经。1

吉川小一郎在第444窟前室北壁用铅笔题写的题词“大日本京都吉川小一郎明治四十四年十月二十日”

月7日，千佛洞的僧人拿了些像蒙古文字那样的经来了，但吉川不会鉴定，要等橘瑞超来再做定夺。

正在此时，橘瑞超装扮成维吾尔族人也正由若羌向敦煌进发。1912年1月26日，在敦煌与吉川小一郎相会。两人于1月30日晚到达千佛洞，住到2月1日傍晚。曾经访日的敦煌学家王冀青先生在著作中说，橘瑞超与吉川此行主要是为购买经卷。在王冀青先生获得的资料中，有吉川小一郎1月31日到2月4日的日记，详细记载了两个日本人半强买半抢劫的耍赖过程。1月31日，他们去看千佛洞，王道士携来经卷40多卷，道士的态度好像正在搬运盗窃的赃物一般，问他是否还

橘瑞超与敦煌房东在一起

有别的经卷，他返回又拿来40余卷。2月1日，行将离开的橘瑞超和吉川二人闯进王道士的房间里去搜寻经卷，打开他的柜子看见有很多唐经，跟他商量后把这169卷堆到马上带走。2月2日，王道士来他们的住所讨要钱款，双方说好以300两白银的价格购买之前的169卷，但当天只兑现了100两，约定等再拿来完整的经卷再付剩余的200两。2月3日，王道士带着不知从哪里搞来的200个卷子来到他们的住所。2月4日，王圆箓又来讨要之前剩余的200两，最后吉川连同房东打着官府的旗号给了王圆箓50两了事。

2月6日，橘瑞超和吉川小一郎向敦煌知县告别，然后离开敦煌。橘瑞超在安西收到大谷光瑞再次要求回国的信函，于是与吉川小一郎一起经哈密到了吐鲁番。他们在吐鲁番发掘了一些古物后，决定吉川继续留在吐鲁番工作，橘瑞超则到乌鲁木齐经西伯利亚铁路回了日本。1913年2月，吉川小一郎也离开吐鲁番，经焉耆到库车，调查了库木吐拉、苏巴什等遗址后，又西进喀什，南下和阗，北上伊犁，最后东返乌鲁木齐，经吐鲁番、哈密、敦煌、肃州等地，于1914年5月回到北京，7月返回京都，从而结束了大谷光瑞考察团第三次中亚探险，标志着历时12年的大谷光瑞考察团工作结束。

橘瑞超西域探险的收藏品都归出资人大谷光瑞私人所

神户二乐庄

有，起初所有大谷光瑞收藏品全都存于其在神户的别墅二乐庄。1914年4月以后，大谷收集品的主体，特别是文献资料部分，运到了他在旅顺的别墅。包括敦煌遗书在内的大谷收集品在1916年由“满铁”交给将于第二年开馆的关东都督府“满蒙”物产馆保存（“满蒙”物产馆的名称屡有变更：1918年4月“满蒙”物产馆改名关东都督府博物馆；1919年4月改称关东厅博物馆；1934年12月改称旅顺博物馆）。为了它的开馆展览做准备，橘瑞超对大谷收集品进行了整理和登记。以后又经过一些学者的整理、研究，目前，移藏旅顺博物馆的敦煌汉藏文写经有639件，另有部分新疆出土文献和文物。

如果王冀青先生著作中的消息资料来源可靠的话，那就明确地说明在藏经洞文书运京之前，王圆箓有私藏文书，甚至是一大批文书。可惜的是原本想要卖个好价钱的王圆箓，被两个日本“师弟”欺骗威胁加恐吓，369个卷子给了150两银子打发了事，这难道就是他想要的结果吗？

之后又有言论指出，与天皇连襟的大谷光瑞及其考察团到西北考察探险，其实是以学术调查研究的目的掩盖其间谍探险的本质。尽管日本学术界也有声音辩白，但是目前我们还没有掌握比较可靠的材料，无法彻底地肯定或者否定这一言论。诸如此类问题，恰恰说明了历史研究的复杂性，历史不仅仅是过去的，同时也与现实有着千丝万缕的联系，敦煌学只是历史学的一个小小代表，敦煌的历史也只是一个转瞬即逝却又历久弥新的历史瞬间。

1914年斯坦因再次到来

1914年，斯坦因第三次中亚探险时，于3月24日再次来到敦煌，意外地首先见到了在敦煌化缘的王道士。能够再次见到王道士让斯坦因倍感欣慰，因为王圆箓的友好让斯坦因知道虽然购买经书的秘密不能保持多久，但是这件事并没有影响到王圆箓与敦煌周边善男信女的关系。换句话说，也并没有影响到斯坦因与王圆箓的关系，甚至让斯坦因感觉到王圆箓后悔当年没有把经卷全都卖给他。

4月2日下午斯坦因再次拜访了莫高窟，受到了王道士亲切、友好的接待。在接待中间，把斯坦因当作老施主的王圆箓还乘便把他的账目展示给斯坦因查看，上面载明斯坦因施给寺院的所有银钱总数。同时王道士还向斯坦因出示了他化缘和接受捐赠的所有款项的开支账目，由此账目可知，当年斯坦因“施舍”给王圆箓的所有银两全都用作修葺庙宇了。王圆箓还给斯坦因展示了用斯坦因的银两修建的新佛堂以及香客下院，言语之间有心满意足的感觉。

但是作为施主的斯坦因这次来敦煌，没有蒋师爷的帮助，使他痛感失去了蒋师爷那种愉快、亲切、打动人心的能力。而接替蒋师爷的李师爷，在斯坦因看来，是一个冷峻、粗暴、毫无趣味的人，还不如王道士友好和善谈。因此斯坦因不得不直接面对王道士。当他又向王道士提出卷子要求时，王道士说，伯希和来后一年，北京下令交出剩下的东西，他和寺院没有得到一分钱的补偿。让斯坦因感到高兴的是，王圆箓暗示他即使中国官方已经把藏经洞文书运走，但是他的宝库并没有因此而枯竭。这个意外的惊喜让斯坦因自信作为老主顾、老施主，他一定能不虚此行。1914年4月13日，斯坦因在写给友人的信中说，王道士“足够聪明，当转交北京的命令下达时，私自藏下了不少纪念品”。最终，斯坦因获得整整四大箱文书。

4月3日，王圆箓让斯坦因进入了被他当作仓库的342窟，里面有两箱保存完整的经卷，大约有50个捆子。斯坦因在记录中伪善地写道，说他已经发觉这些经卷是伯希和精挑细选之后的，肯定不会有多么重要的材料了，但是他仍然非常有必要保护那些仍被王道士保管着的任何汉文文书，以避免它们遭受进一步损失和散落的危险。于是斯坦因和王道士又一

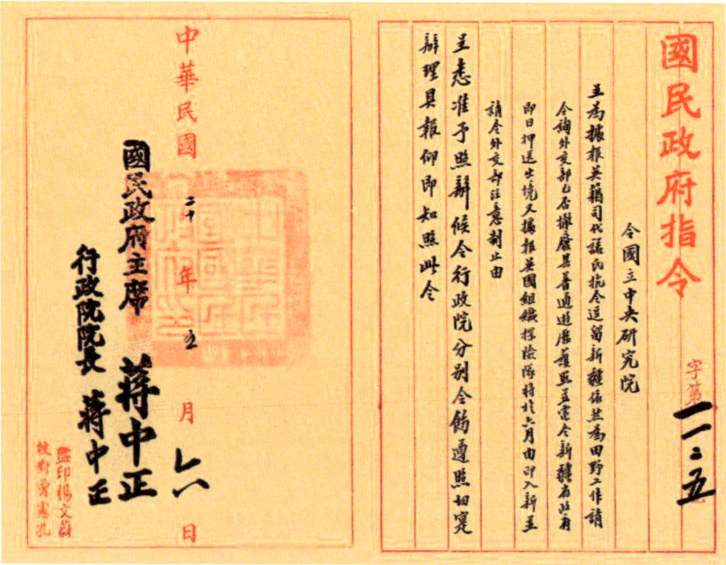
國民政府指令　字第一一二五號

令國立中央研究院

呈為據報英籍司代諾氏抗令逗留新疆偽以考古為田野工作請令飭外交部向英使嚴重交涉速將護照吊銷並令新疆省政府即日押送出境又據報英國組織探險隊將於六月由印入新並請令外交部注意制止由

呈悉准予照辦候令行政院分別令飭遵照切實辦理具報仰即知照此令

中華民國二十年五月廿八日

國民政府主席　蔣中正

行政院院長　蔣中正

監印楊文蔚

国民政府就取消斯坦因护照并促其即日出境事给中央研究院的指令

次开始了讨价还价的过程。这一次王圆箓没有吝惜他的“外交才能”，他坚持一个卷子2两银子，最后以500两买600个卷子成交。但是因为新的李师爷清点失误，实际上获得了570个卷子。

斯坦因这次所得卷子，大部分是敦煌遗书运送北京时，王道士密藏起来未交者。少部分是当地官僚窃去和散佚在民间的，当时就已经有人在出售，因此总的算起来，斯坦因第三次中亚探险收获大约600个卷子，这正好符合斯坦因自己的计算——“我第二次巡礼此地的结果，许我带去的还足足装满五大箱，有六百多卷佛经”。

1914年4月8日，斯坦因离开莫高窟。在返回的途中，斯坦因思考了一个重要的问题。即使王圆箓在官方转运之前私藏了很多“留窝蛋”，在他之前已有橘瑞超获取了数量可观的经卷，如今他又得到将近六百个卷子，那么王道士的“留窝蛋”到底还有没有呢？

## 鄂登堡与沙俄考察队的建立

谢尔盖·费多维克·鄂登堡是俄国近现代最著名的佛教艺术史学家。1863年9月14日，鄂登堡出生在俄国札巴衣喀

鄂登堡

里斯克地区皮昂金村，他的父亲是一位退职少将军官。1881年，鄂登堡毕业于华沙第一中学，同年考入彼得堡大学东方语言梵文—波斯语专业，研究梵文和佛学，是俄国汉学家瓦西里耶夫的得意门生。他于1885年大学毕业后，因学业优异而留校任教。1900年2月，鄂登堡被选为俄国科学院院士。1904年起任科学院常务秘书，1916年12月，鄂登堡任俄国科学院亚洲博物馆馆长。1917年俄国“二月革命”后，他曾任克伦斯基临时政府的教育部长，一度成为反动统治潮流中的风云人物，1934年去世。

鄂登堡是劫夺中国敦煌遗书的主谋者和急先锋。但是俄国人觊觎我国西北珍贵的文物与文献资料，首先要从俄国驻喀什总领事馆的领事彼得洛夫斯基说起。彼得洛夫斯基从1882年起就开始担任俄国驻喀什领事馆的总领事，直到1903年离任。他在任期间，从塔克拉玛干沙漠的觅宝人吐尔迪、和阗的文物贩子伊斯兰阿洪、库车商贩古拉姆·卡迪尔等处买来数以万计的文物，全都运回了俄国，交鄂登堡研究。

1898年，俄国地理协会东西伯利亚分会向东亚派出了由克列门兹率领的第一支科学考察团，并获得了许多考察成果，它给彼得堡带回了古代文物、公元1世纪佛教艺术品以及汉文、藏文与梵文经卷样品。

鄂登堡根据彼得洛夫斯基和克列门兹所获材料，提请沙皇政府组织一支西域（新疆）综合科学考察团，可是沙皇政府并未立即答复。1899年10月在罗马举行的第十二届国际东方学家大会上，俄国东方学家拉德洛夫介绍了克列门兹在吐鲁番的盗掘活动和劫走的文书，会上一些人“吁请”俄国政府及有关机构继续进行克列门兹的工作，拉德洛夫遂向大会提出了建立一个国际协会的提议。他的提案被通过，于是决定成立“中亚和远东历史学、考古学、语言学和民族学研究国际协会”，俄国学者受委托拟订协会的章程草案。1902年在汉堡举行的第十三届东方学家大会审查批准了俄国学者拟定的章程草案，决定由拉德洛夫和鄂登堡负责筹组俄国中心委员会。鄂登堡由此走上了世界的舞台。1903年11月1日，协会接受了鄂登堡“关于装备克列门兹领导的吐鲁番、库车考古考察团的建议”，俄国委员会的章程草案也经沙皇批准生效，中亚与东亚研究俄国中心委员会遂告成立，并由俄国财政部拨款5000卢布作为经费。

1908年，协会在皇室乡间行宫举办了一次有关中国新疆的展览，这次展览给人们留下了深刻的印象。于是，政府决定拨出专款用以组织到中国新疆进行新的考察，并委托鄂登堡制定一个更大范围和规模的考察计划。1908年12月16日，俄国协会就鄂登堡拟定的研究计划和预算，决定组织一个以拉德洛夫为首的，其中包括维谢洛夫斯基、克列门兹、鄂登堡、什切恩别尔格的筹备小组，就这一问题进行了商讨。然后决定拨款85000卢布进行为期两年的考察。但是1909年只能拨出35000卢布，于是先指派鄂登堡偕同杜丁和另外一个考古学家进行8个月的考察，第二年再派一个大一点的考察队，在1909年2月11日俄国协会的会议上，正式宣告政府同意这一计划。

1909年6月6日，以鄂登堡为队长的俄国考察队正式从彼得堡出发，队员有画家兼照相师杜丁、矿业工程师兼地形测绘员斯米尔诺夫、考古学家卡缅斯基、考古学家助手彼特连柯。考察队于6月22日到达楚古恰克后，鄂登堡又雇了翻译霍托，他们考察了喀什、吐鲁番和库车地区的古代遗存，盗掘劫走了大量考古文物，并从事测量和绘图。鄂登堡就其考察结果在俄国考古学会东方部的一次会议上做了简单报告。这次考察所劫取的文物和资料分存于艾尔米塔什博物馆和东方学研究所档案馆。

由于鄂登堡在新疆考察中劫获了非常丰富的文物考古资料，使沙俄更加垂涎中国西北的宝藏。再加上英、法、日等国考察队都相继来到中国西北盗窃劫掠，尤其是斯坦因、伯

鄂登堡考察团

希和、橘瑞超等人都在敦煌劫获了大量珍贵文书，沙俄政府绝不愿居人之下，对俄国委员会的拨款骤增，到1913年竟达10万卢布。

早在第一次新疆考察时，鄂登堡就对之前来过中国的探险家科兹洛夫表示，他有前往敦煌的“夙愿”，于是沙俄第二次考察迅速运作起来。1914年3月9日，协会同意了由鄂登堡制定的为时一年的莫高窟考察方案。考察团仍以鄂登堡为领队，成员除杜丁和斯米尔诺夫外，还有画家宾肯贝格、民族学家罗姆贝格及十名辅助人员和一名中国翻译，考察的地点就是敦煌莫高窟。

1914年5月，鄂登堡率考察团来到我国敦煌考察劫掠。由于考察团对于敦煌莫高窟觊觎已久，所以提前做了充分的准备，制定了各项工作的详细计划：准确地绘制洞窟总体平面图、层次平面图、剖面图与正面图，确定了摄影对象，对特别重要的东西还要进行复描，并根据原定计划，尽可能详尽地进行洞窟描述。

1914年8月20日考察团到达千佛洞，1915年1月26日起程返回，4月底返回俄国，结束沙俄第二次考察。他们在敦煌期间，偷绘了443个洞窟的正面图，拍摄了2000多帧照片，

东方学研究所外景

劫走了多种壁画（片断）、布画、绢画、纸画、丝织品和写本。

鄂登堡考察团返回彼得堡后，他们的资料分成两部分：写卷移交亚洲博物馆（今东方学研究所圣彼得堡分所）保藏，现已编号18000余卷；艺术品、地形测绘资料和民族学资料、野外考察记录和日记等存放到俄国博物馆、民族学博物馆、地理学会等各博物馆，后来几经搬迁，现全部收藏在艾尔米塔什博物馆东方部。艾尔米塔什博物馆的敦煌文物收藏品包括雕塑、壁画、绢画、纸画和麻布画以及丝织品残片等。其中佛幡与麻纸画佛像残卷43件，壁画14幅，大塑像4尊，小塑像24尊，织物样品58件，写卷残卷8件，摹图、照片近2000张。

如今，关于鄂登堡考察团究竟是如何获得这些经卷的，因为没有新资料的公布，我们还不能确定经卷的来源，正如法国敦煌学专家戴密微曾说：“当鄂登堡于1914年至1915年在中国新疆探险时，我们不知道他是如何搜集到手一批敦煌汉文写本。在数量方面甚至可以同伦敦、巴黎和北京的那批藏卷相媲美。”只能说据说，鄂登堡考察团在考察过程中对石窟地面以及掩埋石窟的地面进行了挖掘，发现了大量古代艺术残品和大量古代写经残片，此外还在王圆箓那里购得一批藏经洞写经残卷、绢画、布画、纸画和丝织品，另外在当地民众手里收购了一批残卷。也许这样就能解释为什么苏联所藏敦煌遗书中超过二分之一是小于31厘米的残片了。毕竟我们早已知道1910年藏经洞文书运京时一些碎小的遗书都被遗弃而留下来了。

## 姗姗来迟的华尔纳

华尔纳生于1881年，是美国近现代著名的考古学家和艺术史学家。1903年华尔纳毕业于哈佛大学地质和考古专业。从哈佛大学毕业后，他就作为拉斐尔·庞泼莱的地质学和考古学远征队的成员，旅行到俄属中亚细亚。在那里，他访问了古丝绸之路上的撒玛尔罕和布哈拉，同时还访问了当时仍然独立的基辅汗国。他是涉足此地的第一个美国人。1906年，华尔纳留学日本，专攻佛教美术。1910年又在朝鲜、日本调查佛教美术一年。1913年春，华尔纳任教于哈佛大学，在美国首次开设了东方艺术课程。1917年到1923年，华尔纳任宾夕法尼亚博物馆馆长。1923年，年仅42岁的华尔纳已经是一位很有名气的艺术史学家和考古学家了，并且在研究早期日本佛学艺术上，为自己赢得了国际声誉，此时的他被调入哈佛大学福格艺术博物馆。虽然此时的中国国内局势并不稳定，军阀混战，日常秩序被极大地破坏，但是这个倔强的美国人不甘心其他国家在敦煌有所收获的时候，自己却一无所获，于是华尔纳在哈佛大学福格艺术博物馆的第一项工作就是成立一个到中亚细亚考古的远征队，华尔纳被任命为队长，成员有宾夕法尼亚博物馆的霍勒斯·杰恩，再加上之后在北京请的翻译员王近仁和四辆简陋的双轮马车，组成了第一次到中国西北的美国远征队——哈佛大学考古调查团。

华尔纳

1923年7月，华尔纳带领他的考古远征队来到了中国北京。9月初，华尔纳一行进入甘肃境内，经过甘肃泾川、内蒙古额济纳，最后于1924年1月21日到达敦煌。当华尔纳到达敦煌千佛洞时，王道士又外出化缘了，但这并没有妨碍华尔纳，他直接进入了有壁画的洞窟里参观。在1月22日给妻子的信中，华尔纳是这样计划此行的目的——即使折颈而死，也誓死要带回一些壁画局部。令人可笑的是，在这封信的后面，他居然还大言不惭地说要尽自己努力，在这个很快要变成废墟的遗址中去挽救和保护任何一件东西以及每一件东西。

王道士化缘回来后，华尔纳多次去王圆箓的道观里拜访，带去了不少礼物表示敬意，最主要的还是白花花的纹银，70两银子一下子就打动了王道士的心。他们很快达成了协议，华尔纳可以从墙上剥离壁画带走，为了让华尔纳不对色彩鲜

被华尔纳破坏的敦煌壁画

艳的新塑像有兴趣，王道士允许他可以带走一尊老旧的失去光泽的一只腿跪着的三尺高的塑像。华尔纳原本认为是件很困难的事，王道士竟如此轻易地许可了，这让华尔纳感到意外的高兴。

他马上按照计划对千年壁画展开了残忍的剥离。华尔纳用来剥离壁画的是一种事先配制好的特殊的化学溶液。先用它把纱布贴在画上，然后把画割取下来，将来再将纱布揭下，据说，这样做可以不伤害壁画表面。然而当时敦煌正值隆冬，气温已经降到零度以下。当固定剂刚刚刷在壁画上，还没有渗进灰泥，就已经结成固体了，浸透了胶水的纱布还未黏附在壁画上，就已经冻硬了。经过5天的盗剥，华尔纳终于移下了12件壁画，后来一件破碎，剩下的11件现存美国。对此华尔纳非常得意，他认为剥离的如此漂亮的壁画肯定会引起其他人的嫉妒。

被华尔纳盗走、现存于哈佛大学福格艺术博物馆的敦煌彩塑

除了壁画，华尔纳还盗走了两尊塑像。一尊是第361窟盛唐坐式观音造像，它是莫高窟全部洞窟中盛唐塑像的代表作；另一尊

是第328窟的供养菩萨造像，高120厘米，是洞窟群中造型最优美的一个。

1924年4月，华尔纳经兰州、北京，然后满载珍宝返回了美国。

华尔纳因这一次盗劫大大提升了哈佛大学福格艺术博物馆和他本人的名望，珍贵的壁画和精美的塑像为美国带来荣耀和骄傲，留给中国的却是阵阵的心痛，尤其是遗留在墙面上的膏药一样的疤痕，时时提醒着中国人的自尊和自信。

## 贪婪的华尔纳再次来临

华尔纳的第一次考察在美国获得了极大的成功，为了扩大这种特殊收藏品的数量，贪婪的美国人迅速地组建了规模更大的第二次福格中国考古远征队。这一次华尔纳的任务是要把敦煌莫高窟285窟（西魏）壁画全部剥离运回美国。为了这次剥离工作更加快捷和有效，他扩充了自己的考察队伍，特别增加了配制特别“胶水”的年轻壁画专家——丹尼尔·汤普森。为避免固定剂再次发生冻结，他把这次远征安排在春天进行。

1925年初，华尔纳再次来到北京，为了使考察更加方便，他邀请了北京大学的陈万里同行，这个队伍的最终成员有：华尔纳、杰恩、丹尼尔·汤普森（负责剥离壁画）、阿兰·普列斯特、霍拉斯·史汀生（负责测量）和查理德·斯达尔（负责摄影），北京大学的陈万里和第一次考察时的翻译王近仁。

在离开北京前，华尔纳又吸收了一名考察队的临时队员——阿兰·克拉克，由他负责临摹敦煌壁画中难以拍照的大型《净土变》。5月18日，华尔纳率领考古队伍再次进入敦煌。5月19日，考察团的翟森等人就前往敦煌当地政府接洽相关事宜。此时由于敦煌人民爱国热潮的高涨以及陈万里及敦煌地方官员的努力，华尔纳原拟在千佛洞停留半年的计划，因为华尔纳第一次剥离、破坏、盗窃敦煌壁画而未被地方当局同意。官方对华尔纳的“考察团”做了如下规定：（1）华尔纳及所谓“考察团”的团员不准留宿千佛洞。（2）所谓“考察团”的团员全体去参观千佛洞时，必须受人民的监视，并必须当日返城。（3）不准触毁壁画及其他一切文物。“考察团”每天往返莫高窟在路上就要花一大半的时间，再加上自发监视“考察团”的百姓很多，“考察团”根本找不到机会下手剥离壁画，于是从5月21日至23日在千佛洞参观了3天，就灰溜溜地撤回了。

但是华尔纳还不死心，又想去距离不远的榆林窟考察。于是6月2日向官方提出一个月的榆林窟考察计划，又未被同意，官方只同意先去一个星期，如果一个星期后还要摄影需要另行磋商。正在这时国内局势进一步恶化，“五卅运动”掀起了反帝的高潮，为了保证考察队友的安全问题，华尔纳不得不提前解散了考察团，最终于1925年8月回到哈佛大学。

华尔纳不得不承认，第二次中国考察在某种意义上是一种惨败。这种惨败是觉醒的中国人民给予外国侵略者的猛烈一击，是逆来顺受的中国人民首次发出自己的声音表达自己的意见，中国人民从沉睡中醒来，打了一个哈欠，把洋鬼子们都吓回了老家。中国历史从这时起，掀开了新的一页。

## 敦煌文物的收藏情况

如今，我们知道英、法、日、俄、美都收藏有敦煌文书，其中有些文书的来历、数目已经为国内外的研究者所掌握，但是仍然有些国家和地区的敦煌文书收藏披着一层神秘的面纱。因此，对于敦煌文书的收藏，我们只能根据公布的目录资料或零星的蛛丝马迹做些这方面的推论和猜测。

英国的藏品是由斯坦因于1907、1914年两次从莫高窟劫来，现主要收藏于英国国家图书馆东方写本部，总数约20000件，包括12种文字的文献。英国维多利亚和阿尔伯特博物馆藏有丝织品700件左右。

法国的藏品是伯希和于1908年劫来，藏于法国国家图书馆，总数约8000件，除汉文文献外，还有大量吐蕃文、回鹘文等文字写本。另外在吉美博物馆还藏有绢画220幅。

俄罗斯藏品主要由鄂登堡于1914年劫来，绝大部分收藏在圣彼得堡东方学研究所，总数约19000件；艾尔米塔什博物馆约藏350件。

日本藏品主要为1912年大谷光瑞探险队成员橘瑞超和吉川小一郎劫来，另有购自中国内地的民间流散卷子。日本藏敦煌文书总数约750余件，分藏于日本国会图书馆、东京国立博物馆、东京书道博物馆、龙谷大学图书馆、三井文库等处和一些私家手中。

美国藏品不少于25件，分藏于美国国会图书馆、哈佛大学赛克勒博物馆、福格艺术博物馆、芝加哥大学远东图书馆、纽约大都会博物馆、普林斯顿大学图书馆、芝加哥菲尔德自然史博物馆、哥伦比亚大学图书馆。

除此之外，韩国、澳大利亚、印度、瑞典、丹麦、德国等亦有收藏。

在中国，藏品主要为劫余部分，分藏于京、沪、津、沈、宁、杭、台、港及甘肃的一些地方。仅有中国国家图书馆（北京图书馆）藏约16000件，主要是敦煌劫余部分运抵京城的，其余各收藏单位大多是零星从社会征集的，数目不多。

附表：敦煌文献收藏单位一览表

| 收藏单位 | 数量 | 入藏时间 | 备注 |
| --- | --- | --- | --- |
| 敦煌研究院 | 800余件<br>其中藏文42页43卷 | 1944年后 | 其中383件汉文写本收入《甘肃藏敦煌文献》。 |
| 莫高窟北区 | 藏文10余件 | | |
| 敦煌市博物馆 | 汉文写本81件<br>藏文贝叶本8482叶 | 1949年以后陆续从民间征集，1953年前后敦煌县政府陆续移交给县文化馆。 | 《甘肃藏敦煌文献》收该馆汉文写本81件。 |
| 敦煌市档案馆 | 藏文9页3卷 | | |
| 甘肃省博物馆 | 138件 | 1949年后收集 | 秦明智：《关于甘肃省博物馆藏敦煌遗书之浅考和目录》，《1983年全国敦煌学术讨论会文集》文史·遗书编上册，1987年。《甘肃藏敦煌文献》收该馆藏品138件。 |
| 甘肃省图书馆 | 汉文31件<br>有卷式藏文写经32件，梵箧式藏文写经1128页 | 历年征集、收购，也有私人捐赠 | 《甘肃藏敦煌文献》收该馆藏32件汉文文献（1件有疑问）。 |

| 收藏单位 | 数量 | 入藏时间 | 备注 |
| --- | --- | --- | --- |
| 西北师范大学 | 共24件或更多<br>历史系文物室藏品为20世纪50年代初该系从兰州收购，共22件。其中汉文19件，藏文3件；敦煌学研究所藏品为1984年从民间收购，共2件，均为写经。 | 20世纪50年代后 | 曹怀玉：《西北师院历史系文物室藏敦煌经卷录》，《西北师范学院学报》1983年第4期。<br>李并成：《西北师范大学敦煌学研究所藏敦煌经卷录》，《敦煌研究》1993年第1期。按：据李并成介绍，该大学私家手中亦藏有一些敦煌汉文、藏文写卷。 |
| 甘肃省中医学院 | 4件 | | |
| 酒泉市博物馆 | 18件均为藏文 | | 酒泉市博物馆18件，定西县博物馆10件，永登县博物馆8件，高台县博物馆有3件，甘肃省中医学院有3件，张掖市博物馆有1件收入《甘肃藏敦煌文献》。 |
| 张掖市博物馆 | 1件藏文 | | |
| 高台县博物馆 | 6件<br>其中藏文2件 | | |
| 永登县博物馆 | 8件 | | |
| 定西县博物馆 | 10件 | | |
| 武威市博物馆 | 藏文7页 | | |
| 安西县博物馆 | | | |
| 兰州籍山东人范氏 | 藏文20件 | | |
| 中国国家图书馆（北京图书馆） | 16000件<br>其中藏文240余件 | 1909年 | 已由江苏古籍出版社出版 |
| 北京大学图书馆 | 1990年编目，共计212号。1995年出版《北京大学藏敦煌文献》（全2册），又增加为286号（包括吐鲁番文献）。其中藏文3件。 | | 张玉范：《北京大学图书馆藏敦煌遗书目》，《敦煌吐鲁番文献研究论集》第5辑，1990年。<br>北京大学图书馆：《北京大学藏敦煌文献》，上海古籍出版社，1995。 |
| 故宫博物院 | 92件 | | 申国美：《中国散藏敦煌文献分类目录》，北京图书馆出版社，2007。 |
| 首都博物馆 | 60件 | | 申国美：《中国散藏敦煌文献分类目录》，北京图书馆出版社，2007。 |

| 收藏单位 | 数量 | 入藏时间 | 备注 |
|---|---|---|---|
| 中国历史博物馆 | 29件 | 历年征集和收购 | 包括罗振玉、周肇祥旧藏<br>申国美：《中国散藏敦煌文献分类目录》，北京图书馆出版社，2007。 |
| 天津市艺术博物馆 | 350件<br>其中藏文6件 | 历年征集和1979年周叔弢捐赠（256卷） | 上海古籍出版社、天津市艺术博物馆：《天津市艺术博物馆藏敦煌文献》（全7册），上海古籍出版社，1996—1998年。 |
| 天津市历史博物馆 | 25件 | 1952年后 | 已由上海古籍出版社出版 |
| 天津图书馆 | 177件 | | 天津图书馆历史文献部：《天津图书馆藏敦煌遗书目录》，《敦煌吐鲁番研究》，2005年8月。 |
| 天津文物公司 | 30件 | | 天津文物公司：《天津文物公司藏敦煌写经》，文物出版社，1998年。 |
| 旅顺博物馆 | 9件 | 1951年 | |
| 辽宁省博物馆 | 100余件 | 历年征集 | 有吴士鉴旧藏 |
| 湖北博物馆 | 31件 | | 申国美：《中国散藏敦煌文献分类目录》，北京图书馆出版社，2007。 |
| 南京图书馆 | 32件 | | |
| 南京博物院 | 31件 | 19件为1942年在敦煌收购。此外来源有三：一为前中央博物院筹备处的留存，一为20世纪50年代华东文化部、苏南区文管会、苏州市文管会等单位的拨交，一为历年征集收购。 | |
| 南京师范大学文学院 | 3件 | | 申国美：《中国散藏敦煌文献分类目录》，北京图书馆出版社，2007。 |
| 浙江省博物馆 | 176件（155件为张宗祥原藏，其余为黄宾虹等人藏），其中藏文6件 | | 浙江省博物馆等：《浙藏敦煌文献》，浙江教育出版社，2000年。 |

| 收藏单位 | 数量 | 入藏时间 | 备注 |
| --- | --- | --- | --- |
| 浙江省图书馆 | 20件 | | 包括邵裴子、张道来、余绍宋等人旧藏<br>浙江省博物馆等：《浙藏敦煌文献》，浙江教育出版社，2000年。 |
| 杭州文物管理所 | 4件 | | |
| 灵隐寺 | 1件 | | |
| 四川省图书馆 | | | |
| 新疆社科院历史所 | | | |
| 上海龙华寺 | 10余件 | | |
| 上海博物馆 | 80件<br>其中藏文2件 | 上海市文物保管委员会的捐赠和历年征集 | 包括陈訚、许承尧、袁克文、吴士鉴等旧藏<br>上海古籍出版社、上海博物馆：《上海博物馆藏敦煌吐鲁番文献》（全2册），上海古籍出版社，1993年。 |
| 上海图书馆 | 187件<br>其中藏文8件 | 1952—1960年 | 包括康有为、李盛铎、何彦昇、罗振玉、许承尧、袁克文、叶恭绰、吴士鉴、张维、陈訚等旧藏<br>上海古籍出版社、上海图书馆：《上海图书馆藏敦煌吐鲁番文献》（全4册），上海古籍出版社，1999年。 |
| 广东省中山图书馆 | | | |
| 重庆市博物馆 | 20余件 | 20世纪50年代初西南文教部拨交，也有收藏家捐赠及收购 | 包括杨增新、李居义等旧藏。中国美《中国散藏敦煌文献分类目录》列13件。 |
| 中国书店 | 82件 | | 中国美：《中国散藏敦煌文献分类目录》，北京图书馆出版社，2007。 |
| 台北“中央图书馆” | 144号（156件）<br>其中藏文1件1页3卷 | 1940年后 | 包括张继、许承尧、袁克文等旧藏<br>全部收入潘重规：《国立中央图书馆藏敦煌卷子》（全6册），石门图书公司，1976年。 |

| 收藏单位 | 数量 | 入藏时间 | 备注 |
| --- | --- | --- | --- |
| 台北“中央研究院” | 49件<br>其中藏文9卷 | | 申国美:《中国散藏敦煌文献分类目录》，北京图书馆出版社，2007。 |
| 台北历史博物馆 | 2件 | | 申国美:《中国散藏敦煌文献分类目录》，北京图书馆出版社，2007。 |
| 台北故宫博物院 | 2件 | | 申国美:《中国散藏敦煌文献分类目录》，北京图书馆出版社，2007。 |
| 日本国会图书馆 | 46件 | 1917年 | |
| 日本大东急记念文库 | 14件 | | |
| 日本东京国立图书馆东洋馆 | | 1967年 | 大谷光瑞所获、交换、收购 |
| 日本国立博物馆 | 72件 | | 守屋收集品 |
| 东京国立博物馆 | | | 北魏写经及《刘子》残卷 |
| 日本东京书道博物馆 | 153件 | | 中村不折收集品 |
| 东京大学东洋文化研究所 | 11件 | | |
| 日本天理大学图书馆 | | 1945年后 | |
| 日本三井文库 | 112件 | 1985年 | 多为张广建旧藏<br>施萍婷:《日本公私收藏敦煌遗书叙录》(一),《敦煌研究》1993年第2期。 |
| 日本大谷大学图书馆 | 38件 | | 34件是东本愿寺前法主句佛上人捐赠，3件是句佛上人之弟、晚年任大谷大学校长的大谷莹诚的秃庵文库旧藏，1件是原大谷大学教授舟桥水哉的三舟文库旧藏。有赝品。 |

| 收藏单位 | 数量 | 入藏时间 | 备注 |
| --- | --- | --- | --- |
| 日本龙谷大学图书馆 | 近70件 | 一为京都西本愿寺门主大谷光照移交保管，二为大谷探险队出于研究需要捐赠，三为大谷探险队成员橘瑞超个人捐赠 | 大谷光瑞、橘瑞超所获 |
| 东京大学东洋文化研究所 | 11件 |  | 施萍婷 :《日本公私收藏敦煌遗书叙录》( 三 ),《敦煌研究》, 1995年第4期。 |
| 日本九州大学文学部图书馆 |  |  | 写经及造窟计料文书5件 |
| 日本京都藤井有邻馆 | 60件 |  | 包括何彦升、李盛铎、梁素文旧藏<br>施萍婷 :《日本公私收藏敦煌遗书叙录》( 二 ),《敦煌研究》, 1994年第3期。 |
| 日本奈良宁乐美术馆 | 2件 |  |  |
| 日本奈良唐招提寺 | 42件 |  |  |
| 法隆寺 | 1件 |  | 《付法藏因缘传》 |
| 药师寺 |  |  |  |
| 五岛美术馆 | 20件 |  |  |
| 日本私人 | 184件 |  |  |
| 俄罗斯科学院东方研究所圣彼得堡分所 | 18790件<br>藏文214号 |  | 上海古籍出版社、俄罗斯科学出版社东方文学部、俄罗斯科学院东方研究所圣彼得堡分所 :《俄藏敦煌文献》( 共17册 )，上海古籍出版社，1992—2001年。 |
| 俄罗斯艾尔米塔什博物馆 | 350件 |  | 已由上海古籍出版社出版 |
| 印度新德里国立博物馆 |  |  |  |

| 收藏单位 | 数量 | 入藏时间 | 备注 |
|---|---|---|---|
| 法国国家图书馆 | 8000件以上<br>其中汉文3700件以上<br>藏文3358件<br>梵文14件<br>回鹘文363件<br>西夏文211件<br>希伯来文1件 | | 上海古籍出版社、法国国家图书馆：《法藏敦煌西域文献》（1~29册），上海古籍出版社，1995—2003年。 |
| 英国国家博物馆 | 写本部分转入英国国家图书馆 | | 斯坦因所获 |
| 英国国家图书馆 | 约20000件 | | 汉文部分由中国社会科学院历史研究所等：《英藏敦煌文献》（佛经以外部分）（全15卷），四川人民出版社，1990—1995年。 |
| 英国皇家亚洲学会 | | | |
| 澳大利亚 | | | |
| 韩国 | | | |
| 丹麦哥本哈根皇家图书馆 | 16件 | 1915年11月29日 商人索雷森捐赠 | Jens Φstergard Petersen（彼得森）著、台建群译：《哥本哈根皇家图书馆所藏敦煌遗书目录》，《敦煌研究》1993年第1期。 |
| 瑞典人种学博物馆 | 41件 | 1935年后 | 莫高窟第464窟出土元代回鹘写本 |
| 德国慕尼黑巴伐利亚洲图书馆 | 3件 | | 1件为唐人写《金刚经》，系端方旧藏。1件为唐人写《法华经》，系张颐旧藏，有方若题记。1件为唐人写《大般若经》。 |
| 美国哈佛大学福格艺术博物馆 | 2件 | | 华尔纳所获 |
| 美国哈佛大学赛克勒博物馆 | 3件 | 1924年后 | 华尔纳于20世纪20年代在敦煌购买的《妙法莲华经》和《大般若波罗蜜多经》。 |
| 美国国会图书馆 | 9件 | | |

| 收藏单位 | 数量 | 入藏时间 | 备注 |
| --- | --- | --- | --- |
| 美国芝加哥大学远东图书馆 | 3件 | | |
| 美国纽约大都会博物馆 | 3件 | | |
| 美国普林斯顿大学图书馆 | 3件 | | |
| 美国芝加哥自然史博物馆 | 1件 | | |
| 美国哥伦比亚大学图书馆 | 1件 | | |
| 美国安思远私人 | 9件 | | 施萍婷：《61件美国安思远先生所藏历代佛教写经谭》，《敦煌研究》，2004年第1期。 |

亲近者的悲喜

# 敦煌文书海外追踪

大家都知道，敦煌文物流失的第一责任人当属王圆箓无疑，数以万计的敦煌文献经他手流失海外。在斯坦因和伯希和的文字当中，他被称为一个好朋友、一个值得信赖的人。但恰恰是这位值得信赖的好朋友，在文物流失的影像里留下了一副淡漠的面孔，他略显迟钝和空洞的眼神成为后人认识他的唯一形象。这也许与他的经济状况有关，但是更重要的应该是一个人的受教育状况与眼界。对于敦煌藏经洞文物发现之处，王圆箓曾经逐级地向上汇报文物发现之事，汪宗翰、叶昌炽、廷栋等人都直接或间接地得到过或多或少的经卷，除了满足个人利益之外，除了一句扬我国威的“书法不及我的好”（廷栋），除了一句不痛不痒的“就地封存”之外，敦煌乃至甘肃的官员们不及斯坦因、伯希和万分之一，想此西人见经卷不惜手段想方设法弄到手，而我们的官员们却一次次地与宝贝擦肩而过，只能在多年之后，在日记里于夜深人静之时悄悄地写下一句“守土之吏，熟视无睹”“愧疚不暇，而敢责人哉？”（叶昌炽）因此，敦煌文物流失之责甘肃各级官员难辞其咎。然而，当时早已不是追究责任的时候了，之后数十年间，我国敦煌学者不遗余力地开始敦煌文书的探访和公布工作。

## 屈辱历程的开始

当伯希和带着敦煌文物暗自欣喜地来往于北京街头的时候，中国的学术界终于听说了只言片语，数位学术名流以敦煌的名义宴请伯希和之事为敦煌学史屈辱的历程拉开了序幕。

1909年10月4日，北京24名知名人士为伯希和举办了豪华的欢迎大会，宝侍郎（宝熙）、刘少卿（刘廷琛）、徐祭酒（徐坊）、柯经科监督（柯劭忞）、恽学士（恽毓鼎）、江参事（江翰）、吴寅臣、蒋伯斧、董比部（董康）等人出席了欢迎会。在宴会上大家表达了对伯希和追求学术的敬仰之情，以及众人对于敦煌文书的态度，并小心翼翼地询问伯希和所获文书能不能公开出版以惠学人。就像寄人屋檐下的小媳妇，想要争取自己合理的权益却瞻前顾后、唯唯诺诺。当时，伯希和爽快地答应了大家的请求，之后也确实不遗余力地为文书的公布而努力。

自此之后，我国学人利用各种机会出外探访敦煌文书。

## 我国早期对敦煌文献收藏的了解情况

中国藏卷：

我国对京师图书馆所藏敦煌文献编目有一段漫长的、不断改进的历程。敦煌文献入藏后，佛学家李翊灼在1911年至1912年间编成《敦煌石室经卷总目》和《敦煌石室经卷中未入藏经论著述目录》(附疑伪外道目录)。1922年陈垣在《敦煌石室经卷总目》的基础上进行全面考订，1929年傅斯年和陈寅恪敦请陈垣修订付印，1931年由中央研究院历史语言研究所以《敦煌劫余录》为书名刊印，其第十四帙为周叔迦的《续考诸经》。1935年北平图书馆胡鸣盛、许国霖又在此基础上编成《敦煌石室写经详目》。随着整理工作的陆续推进，两位先生在同年编成了《敦煌石室写经详目续编》。此外，1936年许国霖《敦煌石室写经题记与敦煌杂录》(上海商务印书馆)出版，许国霖还有《敦煌石室写经题记汇编》一书，由北平菩提学会出版。1943年《说文月刊》第3卷第10期发表董作宾《敦煌纪年——敦煌石室写经纪年表》。

法国藏卷：

伯希和将敦煌写卷劫至法国国家图书馆后，编写了一个简目，即《巴黎图书馆敦煌写本书目》，由陆翔翻译后发表在国立北平图书馆馆刊七卷六期、八卷一期。1920年，北大预科教授刘复赴法留学，在研究语音学的空暇，抄出法国国家图书馆所藏有关文学、社会、语言的材料共104种，所收文献超出四部范围，数量与类别超过了同类著作，是本期辑录工作的一次总结，为开辟研究新领域打下基础，开从国外抄录、翻拍敦煌遗书的先河。1925年刘复返国后，任北大中文系教授，将所抄文献辑印为《敦煌掇琐》三册，作为中央研究院历史语言研究所专刊之二、北京大学研究所国学门丛书之一出版。关于法藏汉文写本的最早、最完整的目录，是王重民先生编撰的《伯希和劫经录》，系据他1934年至1938年在法国国家图书馆所编卡片目录编成，计5579号，按编号顺序标目，间有提要。后收入《敦煌遗书总目索引》一书，于1962年5月出版。

英国藏卷：

罗福苌根据沙畹从大英博物馆抄本转录和展览厅展出卷子记录写成《伦敦博物馆所藏敦煌书目》，1923发表于《国学季刊》一卷一期。1939年向达的《伦敦所藏敦煌卷子经眼目录》发表于《图书季刊》新一卷四期，其中著录了作者经眼的大量文学作品。国内完整的目录为《斯坦因劫经录》（1957年），由刘铭恕据大英博物馆藏卷的缩微胶片编成，计6980号，按编号顺序标目，间录重要文书原文，或写简要说明。其间，大英博物馆的有关人员对前往调查敦煌写卷的学者设置了种种障碍，而翟理斯的《大英博物馆藏敦煌汉文写本注记目录》直到1957年才出版。

俄国藏卷：

列宁格勒所藏敦煌文献是20世纪30年代的时候由K.K.弗鲁格对鄂登堡所得卷子的整理和编号。在这项工作期间，1934年，弗鲁格在《东方书目》第7卷发表《苏联科学院东方学研究所藏汉文写本非佛经部分概述》，1936年，他在《东方书目》第8卷发表《苏联科学院东方学研究所藏汉文古佛教写本简明目录》。但只编了 Φ.001－Φ.366号就因弗鲁格去世而中断了。后来，这项工作由孟列夫等人接手在1957年重新开始。直到1960年，国际敦煌学界才知道列宁格勒藏有敦煌卷子的消息。

此外，还有学者对流散在国内和东洋的敦煌文献做了著录。这些敦煌文献散录包括如下数种：1914年，罗振玉东渡日本，从橘瑞超处看到敦煌文书目录，抄编成《日本橘氏敦煌将来藏经目录》(见《雪堂丛刊》第十种)。罗振玉《贞松堂藏西陲秘籍丛残》收录《罗振玉藏敦煌卷子目录》。1926年叶恭绰发表《旅顺关东厅博物馆所存敦煌出土之佛教经典》(《图书馆学季刊》一卷四期)。1933年12月15日—21日《中央时事周报·学觚》发表《德化李氏出售敦煌写本目录》。

1939年董康出版《书舶庸谭》(诵芬室刻本),卷九收有《刘幼云(廷琛)藏敦煌卷子目录》。

综上所述,敦煌文献在发现以后多数流散于国外,其中国外收藏的数目以英、法、俄三国最多,而截至1957年前后,我国学者乃至世界大多数的敦煌学研究者仅对藏于中国、英国、法国国家收藏机构的文献有一大致的了解,对于藏于苏联列宁格勒的敦煌文献几乎一无所知。

关于苏联藏有敦煌文献的情况,1920年阿列克谢耶夫的《苏联科学院亚洲博物馆汉文和朝鲜文藏卷》、1922年鄂登堡的《千佛洞》都只透露了点滴情况,1917年日本人矢吹庆辉、1931年法国人伯希和对其稍有接触,但也只是简单地提及和介绍过其中的几卷写本。20世纪30年代,苏联科学院东方学研究所的弗鲁格为列宁格勒所藏敦煌卷子编了部分简目,即《苏联科学院东方学研究所藏汉文写本(非佛经之部)简报》《苏联科学院东方研究所藏汉文佛经古写本简目》。由于弗鲁格于1942年饿死在被围困的列宁格勒,编目工作中断,苏联所藏敦煌卷子也再次销踪匿迹。

苏联有计划地开展敦煌学研究是从1957年建立敦煌研究组开始的。现在我们知道这个设在列宁格勒东方学研究所的敦煌研究组的主要工作是从事敦煌文献编目，于1963年和1967年出版了两卷《苏联科学院亚洲民族研究所藏敦煌汉文写本注记目录》。1999年上海古籍出版社出版的中文译本又根据目前的变化更名为《俄罗斯科学院东方研究所圣彼得堡分所藏敦煌汉文写卷叙录》，简称《俄藏敦煌汉文写卷叙录》。

苏联正式向学术界宣布其藏有敦煌卷子，是在1960年8月9日至8月16日在莫斯科举行的第二十五届国际东方学家代表大会期间，这一消息使得国际学术界“显得多么惊讶而不知所措啊！因为他们不仅根本就不知道此处还存有这类写本，而且半个多世纪以来，所有的汉学家实际上都对这批写本一无所知”。这是戴密微先生1960年8月14日在列宁格勒（今圣彼得堡）参观了部分敦煌文书后写下的文字。这段文字真实准确地记录了他当时的心理活动，但是实际上半个多世纪以来并不是所有的汉学家对这批写本都一无所知，有的学者甚至还留下了描述的文字，比如日本的狩野直喜先生曾于大正元年秋赴欧途中在圣彼得堡做一短暂停留，神田喜一郎先生的著作《敦煌学五十年》中收录有狩野先生于大正元年（1912年）十月二十日从沙俄（今俄罗斯）寄给大学同僚的信，结合神田先生在其后为这封信做的注释，我们可以看出狩野先生当时见到了存于沙俄（今俄罗斯）的《四美人图》和《刘知远诸宫调》，文中似乎暗示狩野先生还有其他所见。

到1930年狩野直喜影印并公布研究成果《文选》(ф242)及写卷背面的《礼记疏》，则确凿地证明了狩野直喜在1930年以前见过俄藏敦煌遗书。还有日本的矢吹庆辉先生1916年11月末在彼得格勒从鄂登堡手中得见一批照片，又曾撰文表示自己于1930年在列宁格勒亚洲博物馆中见过敦煌文书。据狩野直喜先生分析，伯希和应该于1931年见到了俄藏敦煌文书，另外据传1927年梅原末治亦略有所见。

1963年和1967年，苏联东方文献出版社出版了由孟列夫主编的《苏联科学院亚洲民族研究所藏敦煌汉文写本注记目录》两册，著录了2954号文书。从《苏联科学院亚洲民族研究所藏敦煌汉文写本注记目录》中看到所收藏的文物有：佛经、儒学和道学的卷子、契约文书、医书、历书、占卜书，以及墓志、题铭、绘画、印本等；除汉文外，还有回鹘文、吐蕃文、西夏文、粟特文、佉卢文等。据编者称，这两册目录所著录的写本相当于总数的三分之一弱。藏文部分，萨维茨基曾编《苏联科学院东方学研究所收藏的敦煌藏文写本注记目录》，收录了214件。由此推知，列宁格勒所藏敦煌文书约有一万件。但由于苏联所藏敦煌文献资料公布得很少，目录也只出版了两册，所以直到20世纪80年代，其确切情况也不得而知。法国敦煌学专家戴密微曾说："当鄂登堡于1914—1915年在中国新疆探险时，我们不知道他是如何搜集到手一大批敦煌汉文写本的。在数量方面甚至可以同伦敦、巴黎和北京的那批藏卷相媲美，因为人们声称列宁格勒共藏有1万多卷，但具体数目却始终没有弄清楚，这第一批出版物尚丝毫不能澄清这些疑团。”

## 敦煌文献的公布

从当年眼看中国的千年宝卷被外国人携带而去，罗振玉无奈地悲怆长叹：“心随（伯希和）归帆俱西矣！”到1999年上海古籍出版社协议出版《俄藏敦煌文献》之时，府宪展悲痛地写下：“我切身体会到了我们的先驱者被拒之于西方图书馆之外的悲壮心境，体会到从他们到我们之间几代人薪尽火传的奋斗和艰辛。”近百年的时间里，几代中国人心系敦煌、翘首文书，可谓是呕心沥血、前赴后继，如今奋斗与成绩人尽皆知，但是其中的艰辛将慢慢不为人知。这是一种类似于玄奘西方取经的坚持和忍耐，这是一种等同于苏武牧羊十九始回的爱国精神。

如今根据敦煌文献原件照相拍摄，然后影印出版，是最好的刊布方式，这样既可以保存原状，又可以满足绝大多数研究者的需要。到目前为止，绝大部分敦煌文献都已经公布与出版也算是完成了众多敦煌学者的心愿，至此，国内外学术界望眼欲穿的最重要的事情，也算是有个圆满的结局了。

1.《英藏敦煌文献》的刊布

1961年，《敦煌资料》第一辑由中华书局正式出版，这是中国科学院历史研究所资料室认真编辑的成果，内容方面包括户籍、名籍、地亩文书、寺院僧尼名牒、契约等170多种社会经济文书原卷的录文，为史学研究，尤其是魏晋隋唐史的研究提供了重要资料，引起了中日学者的重视和关注，敦煌资料的整理与刊布成为敦煌研究亟待解决的问题。

1980年前后，日本学者池田温的《中国古代籍帐研究》和山本达郎主编的《敦煌吐鲁番社会经济文书》第一、二辑先后出版。前者以资料丰富、翔实见长，除了池田温对中国古代籍帐的系统研究成果之外，占全书过半的是敦煌文献的录文与图版部分，录文是经过非常仔细校录的文本，排版格式也最接近原文书的格式。后者不仅收录了多件文书，而且每件都做了简单的校勘和考证，附印了图版，并对国际学术界的研究情况进行了评述。

针对我国学术界及敦煌爱好者对于资料的需求，1982年，国家文物局古文献研究室发起组织了《敦煌古文献》项目，同时，中国社会科学院历史研究所也组建了敦煌组，计划重新编辑、校勘《敦煌资料》，两者都计划整理出版敦煌文献。1983年9月中国敦煌吐鲁番学会成立后，《敦煌古文献》编委会改隶于敦煌吐鲁番学会，其秘书组的联络工作由历史研究所敦煌组承担。两个项目面临同样的难题，就在当时的条件下，《敦煌资料》和《敦煌古文献》的编辑、校录，所依据的资料都主要是中、英、法三国的缩微胶卷和海内外学者根据部分原件所做的录文。而根据缩微胶卷放大的照片，有一些是不大清楚的，从而影响了学者的使用，其学术价值也就打了折扣。历史研究所重新校订的《敦煌资料》第一辑虽然吸收了国内外的研究成果，但毕竟都使用的间接文献，没有利用英、法所藏原件，在编排、选择、分类等方面也就不能超越池田温和山本达郎的校录本。面对此类问题，两个项目都必须找到突破口，那就是一定要做出和而不同、高质量高水平的东西，不然不仅重复劳动，而且容易在日后留下诟病。

为避免雷同，《敦煌古文献》计划是有图版、有录文的分类全辑，《敦煌资料》则要编成一部精选，只有录文，可供高等院校教学参考之用的普及本，两本书都需将已编成的录文用英、法所藏的原卷进行校订。为此，中国社会科学院于1987年8月派历史研究所副所长张弓和敦煌组负责人宋家钰两位先生前往英国参加伦敦大学亚非学院的学术交流。在学术访问期间，由于张弓和宋家钰先生的努力，达成了一项出版协议，即由中国社会科学院历史研究所、中国敦煌吐鲁番学会“敦煌古文献”编辑委员会、英国国家图书馆东方写本与书籍部、伦敦大学亚非学院两方四家，合作编辑出版《英藏敦煌文献·汉文佛经以外部分》(以下简称《英藏敦煌文献》)。

《英藏敦煌文献》封面

《英藏敦煌文献》从1990年开始由四川人民出版社出版，至1995年出版了14卷。它的第1—11卷收录了英国国家图书馆已经公布的敦煌写本中的全部汉文非佛经文书。第12—14卷则首次刊布了该馆所藏S.6981—S.13677之间的非佛教文书，大英博物馆东方古物部所藏敦煌写本、敦煌绢纸绘画上的供养人题名题记，英国印度事务部图书馆所藏敦煌汉文佛经以外的文书。2009年出版的第15卷是全书索引并编有多种目录，如英国国家图书馆藏斯坦因编号敦煌汉文佛经以外文献目录、英国国家图书馆藏敦煌刻本文献目录、英国原印度事务部图书馆藏敦煌文献汉文部分目录、英国国家博物馆藏敦煌绢纸画及写本上汉文部分文献目录等，并附斯坦因编号敦煌汉文文献中敦煌以外地区出土文献目录等。整套《英藏敦煌文献》的图版均据原件拍摄，清晰可辨，照片还附有比例尺，可以显示原文书的尺寸规格。

《英藏敦煌文献》出版后，受到了海内外敦煌学者的广泛欢迎和高度评价，被认为是迄今为止，反映英藏敦煌文献最清晰、最完整、最准确的图版本。

《英藏敦煌文献》的出版，是中英双方学术界友好合作的产物，也开启了海外所藏敦煌文献编辑照拍、整理出版的先河。

2.《俄藏敦煌文献》

当《英藏敦煌文献》编辑完毕，即将由四川人民出版社全部出版之际，《俄藏敦煌文献》的编辑出版也被提上了议事日程。当时，上海古籍出版社社长魏同贤和苏联科学院通讯院士李福清为了列宁格勒藏《石头记》开始了接洽商谈；后来《石头记》项目发生了变化，却意外收获了敦煌项目。1989年8月，以魏同贤社长、钱伯城总编辑为首，有李国章副总编、李伟国主任参加的上海古籍出版社代表团访问了苏联，与苏联科学出版社东方文学部、苏联科学院东方学研究所列宁格勒分所就合作出版藏于列宁格勒的中国敦煌、吐鲁番与黑城文献进行了商谈，同时对艾尔米塔什（冬宫）博物馆所藏中国新疆、敦煌与黑城艺术品进行了比较详细的考察。1990年10月，派遣了由李伟国、府宪展和朱天锡三人组成的实验小组进行为期一个月的现场工作。1991年4月，以苏联科学出版社东方文学部主任德列尔、列宁格勒东方学研究所所长彼得罗相、敦煌学专家孟列夫组成的俄方代表团在上海签订了出版协议。1992年派遣的正式工作小组取得了实质性的进展，拍摄了第一到第五册全部“Д х”编号的照片，完整著录了卡片，进而在当年出版了具有决定意义的《俄藏敦煌文献》第一册。

当中俄双方达成协议，合作影印出版藏于列宁格勒的全部敦煌、吐鲁番与黑城文献后，上海古籍出版社还为此专门组建了敦煌吐鲁番文献编辑室。后来，苏联解体，虽然其政治制度发生了重大变化，但《俄藏敦煌文献》的编辑出版工作却仍在继续进行。目前，《俄藏敦煌文献》共17册，18000余号（后面碎片较多），已全部出版完毕。

随后又有了6册《俄藏敦煌艺术品》的出版，后来又有了11册《俄藏黑水城文献》的出版。

《俄藏敦煌艺术品》封面

3.《法藏敦煌西域文献》及《敦煌吐鲁番文献集成》

在《俄藏敦煌文献》的编辑过程中，上海古籍出版社的领导认识到，如果能将散藏在世界各地的敦煌文献都像《俄藏敦煌文献》一样影印出版，既能省去学者们到世界各地奔波旅行、四方求阅之烦，又能为学界提供敦煌吐鲁番文献的全貌，辅助学者们以其宝贵而有限的学术时间，悉心于阅读、分析、推论、判断，从而得出科学的结论，因此，他们又积极与法国国家图书馆以及国内的上海博物馆、上海图书馆、北京大学图书馆、天津艺术博物馆等单位联系，并得到了这些单位及有关人士的热情支持。这就开始了《敦煌吐鲁番文献集成》的编辑出版。《敦煌吐鲁番文献集成》是以《俄藏敦煌文献》和《法藏敦煌西域文献》为骨干，以国内中小藏家藏品为辅翼，对敦煌文献进行展示的平台。《敦煌吐鲁番文献集成》“可说是工程浩大，然而因此即标志了这些文献在全球的传播中，将进入一个重大的、甚至是决定性的阶段”。从1989年开始，上海古籍出版社启动抢救出版流失海外的敦煌西域文献文物项目，1992年开始出书，已经出版了俄国、法国、英国从敦煌、新疆、黑水城等地掠取的文献、文物资料图录83巨册，总共发表图版达58000多幅。如果包括国内各馆藏品的出版物，则总数达到102册，图版约70700幅。可以说，这是新中国成立以来通过摄影方式发表图版最多的古代写本文献出版项目，可谓功莫大焉。

法藏敦煌文献具有举世公认的很高的学术价值，《法藏敦煌西域文献》是《敦煌吐鲁番文献集成》的又一主体项目。当出版《敦煌吐鲁番文献集成》的主体《俄藏敦煌文献》时，上海古籍出版社就聘请季羡林、潘重规、饶宗颐先生为《敦煌吐鲁番文献集成》的顾问。通过饶宗颐、潘重规和吴其昱先生的撮合，1992年上海古籍出版社与法国方面商谈《法藏敦煌西域文献》在中国的出版问题并签订了协定草案。此后通过多次的书信往来签订了正式的协议。

20世纪60—70年代，法国发行了敦煌文献的缩微胶卷，但是质量较差；80年代，新文丰出版公司印行的《敦煌宝藏》的法藏部分不少图版更难以辨识。由此，上海古籍出版

已出版的敦煌文献图集

社与法国国家图书馆合作编辑《法藏敦煌西域文献》，全书包括法国国家图书馆所藏全部汉文和非汉文敦煌西域文献的图版，补拍以前出版物中的缺号卷子和模糊不清的照片，并给予新的定名，共34册，由上海古籍出版社于1994年开始出版，目前已全部出版。

《敦煌吐鲁番文献集成》除《俄藏敦煌文献》全17册、《法藏敦煌西域文献》34册外，还有《俄藏黑水城文献》全11册、《俄藏敦煌艺术品》全6册、《天津市艺术博物馆藏敦煌文献》全7册、《上海博物馆藏敦煌吐鲁番文献》全2册、《上海图书馆藏敦煌吐鲁番文献》全4册、《北京大学藏敦煌文献》全2册。

已出版的敦煌文献图集

不论是四川人民出版社出版的《英藏敦煌文献》，还是上海古籍出版社出版的《敦煌吐鲁番文献集成》，都是汉文文献。而在敦煌发现的文书中，除汉文文献外，还有大量民族文字的文献，如藏文、西夏文等。这些藏文、西夏文卷子具有涉及多种学科的重要史料价值，国际上的研究还只是停留在编目阶段，并未全面刊布，从而限制了学术的繁荣和发展。经过多方商讨，西北民族大学、西北第二民族大学、法国国家图书馆、英国国家图书馆和上海古籍出版社达成协议，联合编纂出版敦煌西域藏文文献。经过前期准备工作，《法国国家图书馆藏敦煌藏文文献》已出16卷，《法藏敦煌西夏文文献》也已出版，《英国国家图书馆藏敦煌西域藏文文献》已出7卷。由于懂得古藏文、西夏文的学者和编辑人数不多，从而使编辑出版工作困难重重，可以说，无论在规模上还是在学术难度上，民族文字文献的编辑出版都将会超过汉文文献。

4.《国家图书馆藏敦煌遗书》及其他

伴随着《敦煌吐鲁番文献集成》的出版，由中国国家图书馆（前北京图书馆）馆长任继愈先生主编的《中国国家图书馆藏敦煌遗书》也于1999年开始由江苏古籍出版社出版。《中国国家图书馆藏敦煌遗书》为8开本，每册约460页，在正文图版之后编有叙录、新旧编码对照表等，原计划全套出版约100册，但在2001年出版了第7册后，不知什么原因，再未能继续出版。从2005年开始，中国国家图书馆又重新编辑，仍由任继愈先生主编，定名为《国家图书馆藏敦煌遗书》，由北京图书馆出版社出版，全套共计146册，已全部出版，是迄今为止披露该馆敦煌遗书藏品最大、最全的一部大型图录。

中国国家图书馆现收藏敦煌遗书约16000余号，包括四个部分：（1）劫余录部分，即陈垣先生《敦煌劫余录》所著录的部分，计8738号；（2）详目续编部分，即1927年前后从解京的敦煌遗书中整理出了1192号比较完整的遗书，定名为《敦煌石室写经详目续编》；（3）残卷部分，即解京的敦煌遗书经过上述两次整理编目的残存部分，总计近4000号；（4）新字号部分，即指甘肃解京的敦煌遗书外，图书馆于其后数十年间陆续收藏的敦煌遗书。《国家图书馆藏敦煌遗书》全部重新拍摄，拍摄的原件都已经过专家进一步修复整理，从而使本书的图版更加完整、清晰。

由甘肃藏敦煌文献编委会、甘肃省文物局等单位编纂，段文杰任主编，施萍婷任副主编的《甘肃藏敦煌文献》由甘肃人民出版社于1999年出版。《甘肃藏敦煌文献》全面系统地刊布了甘肃全省各单位收藏的敦煌遗书700余号，真实完整地展示了甘肃藏敦煌文献的全貌。

《甘肃藏敦煌文献》共6卷：第1卷为《敦煌研究院藏敦煌文献》(上)；第2卷为《敦煌研究院藏敦煌文献》(下)和《酒泉市博物馆藏敦煌文献》；第3卷包括《甘肃省图书馆藏敦煌文献》《西北师范大学藏敦煌文献》《永登县博物馆藏敦煌文献》《甘肃中医学院藏敦煌文献》和《张掖市博物馆藏敦煌文献》；第4卷为《甘肃省博物馆藏敦煌文献》(上)；第5卷为《甘肃省博物馆藏敦煌文献》(下)；第6卷包括《敦煌市博物馆藏敦煌文献》《定西县博物馆藏敦煌文献》和《高台县博物馆藏敦煌文献》。

此外,《浙藏敦煌文献》1册也于2000年由浙江教育出版社出版,《中国书店藏敦煌文献》于2007年由中国书店出版社出版。

至此为止，流失于英、法、俄的大宗敦煌文献收藏终于得以出版形式回归故里，与国内各地藏品一起，化身百千回馈学界。将近百年的时间里，文献经历了流失与出版回归，学术界从翘首以待到文献在手，不能不感谢那些为出版各地文献而辛苦奔波和付出劳动的人们。虽然敦煌学的前路依然漫漫，但这些也算是一个阶段性的胜利，像里程碑一样，敦煌学没有了资料缺失的苦恼，将昂首阔步地走上研究成果处处开花的康庄大道。

# 敦煌学研究

## “敦煌学”名称的来历

敦煌文书的发现，与甲骨文、敦煌西域汉晋简牍、明清内府档案的发现一起被称作中国近代学术史上的四大发现。敦煌文献发现以后，中外学者从历史、考古、经济、政治、军事、地理、民族、民俗、语言、文字、文学、宗教、建筑、音乐、美术、舞蹈、体育等各个方面进行研究，逐渐形成了一门专门以敦煌遗书和敦煌艺术等为研究对象的学术领域——敦煌学。

在国内，“敦煌学”一词是由国学大师陈寅恪先生于1930年首次提出来的。当时，北平师范大学著名学者教授陈垣先生完成了他的《敦煌劫余录》一书，请陈寅恪先生作序。陈寅恪先生在序言中写道：“一时代之学问，必有其新材料与新问题。取用此材料，以研究问题，则为此时代学术之新潮流……敦煌学者，今日世界学术之新潮流也。自发现以来

20余年间，东起日本，西迄英法，诸国学人各就其治学范围，先后咸有所贡献。”陈寅恪先生站在学术的最前沿最高端，不仅总结了当时敦煌文献研究已经如火如荼地展开，而且还指出敦煌学必将成为一时代学术之新潮流。但是我们现在看起来，陈寅恪先生所说的“敦煌学”主要指的是藏经洞文献的研究工作。随着敦煌学的不断发展，随着学者们研究的逐步精深和细致，特别是对于莫高窟、榆林窟等石窟中壁画和彩塑等的研究进一步深入，以及敦煌简牍的大量发现和海内外所藏敦煌绢纸绘画等美术品的发表，“敦煌学”的概念逐步得到扩展，对“敦煌学”这一名称的解释也进一步细化。

从研究对象的角度来说，1982年，姜亮夫先生在《敦煌学必须容纳的一些古迹文物》一文中说：“敦煌地区所发现的汉竹简、汉以来的‘绢’‘纸’军用器（属于汉以来戍卒使用的），及一切杂器物、寺塔，乃至于长城的砖石等，都是敦煌学中不可缺少的从属品。”1983年，他又在北京大学《敦煌吐鲁番文献研究论集》第2辑上发表了《敦煌学之文书研究》一文，他在文中说：“敦煌学之内涵，当以千佛岩、榆林窟诸石窟之造型艺术与千佛洞所出诸隋唐以来写本、文书为主。而爰及古长城残垣、烽燧遗迹、所出简牍，及高昌一带之文物为之辅，而后敦煌文化之全部摄受推移之迹，可得而言焉。”可见，姜先生表述的敦煌学的资料来源、研究范围，包括敦煌石窟艺术、敦煌文书、敦煌简牍以及敦煌及其周边一带遗存的长城、烽燧、寺塔等考古遗迹。目前，这一看法已为敦煌学界普遍接受。

从学科分类的角度来说，1984年，周一良先生在为王重民先生的《敦煌遗书论文集》作序时说："敦煌资料是方面异常广泛、内容无限丰富的宝藏，而不是一门有系统、成体系的学科。如果概括地称为敦煌研究，恐怕比敦煌学的说法更为确切，更具有科学性吧。"1985年，他又在《何谓"敦煌学"》一文（《文史知识》）中说："从根本上讲，'敦煌学'不是有内在规律、成体系、有系统的一门科学……所以最好就让它永远留在引号之中吧。"这一看法也很有道理。敦煌学资料涵盖范围极广，涉及文学、历史、哲学、经济、法律、社会、艺术、科技等诸多领域，任何一门学科都无法将其包容，无法把"敦煌学"随便挂靠在任何一个学科门类之下，因此从分类上来说，我们现在只能暂且把它归在"历史文献学"之下，实际上这也是不得已的做法，正如周先生所说我们应该让它留在引号里，或者省略号，或者感叹号里。

如今，新时期的敦煌学者们认为敦煌学作为一门包括许多学科的群体性学问，如果从学科本身所研究的对象上来看，敦煌学应是指以敦煌遗书、敦煌艺术、敦煌史地、敦煌简牍、敦煌学理论等为主要研究对象的一门学科群。

1. 敦煌遗书。除包括1900年于莫高窟藏经洞发现的5万余件文书外，还包括1944年敦煌艺术研究所在莫高窟土地庙清代残塑中发现的文书（完整写本66件、碎片32块）、其他零星发现（如1965年秋发掘第122窟窟前遗址时出土的天宝七年《敦煌郡给某人残过所》《领物残帐》等）以及1988年以来在莫高窟北区发现的一批文书。

2. 敦煌艺术。除包括莫高窟保存的大量壁画、雕塑、绢画、纸画、书法、石窟建筑等艺术品外，还涵盖敦煌西千佛洞、安西榆林窟、东千佛洞、水峡口下洞子石窟、肃北五个庙石窟、肃北一个庙石窟、玉门昌马石窟等，共有洞窟550多个，壁画约5万平方米，以及洞窟内的彩塑等。

3. 敦煌史地。主要指研究中古时期敦煌地区的历史及地理，包括敦煌及其周边一带（古瓜沙地区）保存的长城残垣、烽燧、寺塔、古城、关隘、古代道路、渠道、墓葬等众多遗址及其出土遗物。

4. 敦煌简牍。早自20世纪初，到1988年的敦煌全市文物普查中，均采到过汉简。在敦煌境内前后七次共发现汉简

2000余枚。此外在敦煌周围的疏勒河流域其他地区，亦有简牍的发现。1990年至1992年甘肃省文物考古研究所对敦煌汉代悬泉置遗址的全面清理发掘中，发现简牍多达35000余枚，其中有字者27000余枚，同时还发现帛书10件。敦煌简牍的数量约占全国所出汉简总数的一半，因此，敦煌简牍是敦煌学的又一笔巨量的价值无尽的宝藏和财富，它们的新发现把对敦煌出土的古文献的研究，由六朝至宋初的遗书上溯至西汉，向前推进了几百年，使其大大丰富和扩展，敦煌学的研究领域亦由此得以延伸。

5. 敦煌学理论。敦煌学是一门新兴学科，也是一门发展中的学科，在不断的发展过程中，它的理论建设正在不断完善。敦煌学理论主要包括敦煌学的概念、范围、对象、特点，以及敦煌学的价值，敦煌学术史等。

## 敦煌研究百花齐放

敦煌遗书包罗万象，其中最多的是佛教文献，占90％左右。佛教文献以外还有道教、景教和摩尼教典籍等其他宗教文献。宗教文献以外的文书，虽然总量不大，只占10％左右，但内容却很丰富，涉及古代政治、经济、军事、地理、社会、民族、语言、文学、美术、音乐、舞蹈、天文、历法、数学、医学、体育等诸多方面。这些新材料的出现，促进了历史研究，有些纠正或补充了一些课题的已有结论，并使一些重大课题的研究取得了新的进展，学者们利用敦煌材料在自己的学科领域做出了全新的成绩。

1.敦煌文书保留了地方史地文献

由于古代档案材料保存不易，在研究历史的过程中只能依靠传世文献进行，而传世史料有的记载不足，有的存在部分讹误，因此敦煌藏经洞文书的发现正好填补了历史研究的不足或空白，对这些出土文献的研究，可以帮助我们有更多更新的认识和理解，从而帮助相应历史时期的研究工作顺利开展。

藏经洞文书为历史研究提供了丰富的史料。敦煌遗书中的史学材料包括法制文书、官府文书、田制文书、户籍、手实、差科簿及与计账有关的资料、赋役制文书、寺院经济资料、各种契约以及有关公廨钱等方面的资料。这些资料都是当时人记当时之事，因而具有很高的史料价值。

敦煌遗书的发现及其在历史研究中的运用，比如它完整或部分地保存了今传本唐律、律疏和已散佚的唐代令、格、式以及中央政府的法制文书、地方官府的判文等有关社会法律活动的第一手资料，成为研究唐代法制史及社会、政治、经济史的珍贵史料，因而历来备受学者关注。尤其是弥补了晚唐五代西北史地研究的空白。“安史之乱”以后，吐蕃占领河西，中断了河西与长安的联络。此后，史籍文献对河西地区的情况鲜有记载，即使有某些零散记述，也多属传闻，不太准确。幸而敦煌遗书中有许多晚唐、五代、宋初的社会文书，使河西地区的历史借此得以明了。

2.敦煌文书保存了宗教学材料

敦煌是汉唐丝绸之路的咽喉、中西交通的一大都会，是最先接受外来思想的地方，也是外来宗教传入我国的最早中转点。佛教、景教、摩尼教等，都是经敦煌传入中原地区的，因而敦煌遗书中有关宗教的卷子特别多，通过对其挖掘、整理，可以为宗教研究提供新的材料。

敦煌佛经主要包括以下几个方面：（1）经、律、论类，即佛教的“三藏”，这是存数最多、传世文献也最多的部分，这部分资料在校勘方面价值比较大，文献价值不高。（2）藏外佚经，即《大藏经》中未收录的佛经。按照我国的传统，凡属翻译的域外佛教典籍，一般都应入藏。但是唐末、五代时，我国各地寺庙逐渐以《开元录·入藏录》所著录的1076部5048卷佛典为大藏的标准数目，并以此组织本地大藏。而一些《开元录·入藏录》未著录的佛典便被排除在外。就敦煌而言，曾有一个陷蕃时期，当时的高僧法成翻译了一批著作，仅在敦煌流传，未被编入《开元录》，后又被藏入藏经洞。未入藏的文献资料有助于宗教学的研究，所以颇具史料价值。（3）疑伪经。一般说来，佛经是由印度梵文、巴利文或中亚古语言文字翻译成汉文的佛教典籍。所谓“疑经”，是指真伪未判的经典；所谓“伪经”，是指中国人假托佛说而撰述的经典。敦煌佛经中保存有丰富的疑伪经，据初步整理，已有70余种。这些资料对于研究具有一定的价值。（4）各种目录。敦煌遗书中各类佛经目录的数量不少，其中既有全国性目录、品次录、藏经录，也有点勘录、流通录、转经录，还有乞经状、配补录、写经录等，它全面反映了敦煌僧众围绕佛经所进行的各种活动。

敦煌道经包罗万千，既有后代《道藏》中收录的经籍，也有许多“藏外佚经”，这点与佛教经籍的情况颇为相似。将道教成立以后道士假托天尊、道君、祖师等神仙降授的道经以及与之相关的戒律、愿文、类书、义疏等作为道教文献来看的话，那么敦煌现存道经文献有686件。

敦煌的道教文献来源有二：一是外地流入者，如P.3725《老子道德经》、S.1513《一切道经序》、S.0238《金真玉光八景飞经》、P.2257《太上大道玉清经》、P.2380《通玄真经》、P.2457《阅紫录仪三年一说》、P.2606《太上洞玄灵宝无量度人上品妙经》、P.3417《十戒经》、日本京都国立博物馆藏《太上业报因缘经》等。根据这些道教经文的题记就可知道，它们或直接出于宫廷，或为京城道观所写，然后辗转流入了敦煌。二是敦煌道教徒外出请经、抄经得来的。每一种宗教，其信徒都是十分虔诚的，他们为了自己所信仰宗教的发展，可以尽最大的努力来弘扬或布道。从有关记载可知，敦煌的道教徒也曾不辞千辛万苦，长途跋涉，外出请经、抄经。如罗振玉旧藏《本际经》卷五有题记为："冲虚观主宋妙仙入京写一切经，未还身，故今为写此经。"另如上海图书馆藏敦煌文书第181号有题记曰："大周长寿二年（693年）九月一日，沙州神泉观道士索□洞，于京东明观，为亡妹写《本际经》一部。"正是敦煌道教徒这种坚忍不拔的毅力，才使许多道教经典能够从京城传到敦煌，并继续在本土抄写流传。

不论哪种来源都可看到，敦煌道教直接受京城道教的影响，所以敦煌道教典籍的用纸、书法、品式等，都在其他许多写本之上。遗憾的是，道教在敦煌发展的规模和时间均有限，道经也自然遭受到了严重损坏，其背面多为佛教写经或学郎习字之用。

在唐代除了佛教、道教外，还有景教、摩尼教和火祆教。

景教是基督教最早传入中国的一个支派，在敦煌藏经洞中发现了七种有关唐朝景教的文献，丰富了景教研究的内容。

摩尼教是3世纪中叶波斯人摩尼所创立的一个宗教。在古代中世纪的一千余年中，摩尼教曾在伊朗、叙利亚、埃及、巴勒斯坦、北非、欧洲、小亚细亚、中亚细亚以及中国内地广为流传。其经典也曾由古叙利亚文先后译成拉丁文、希腊文、科普特文、亚美尼亚文、中古波斯文、突厥文、粟特文、汉文、回鹘文、阿拉伯文等十余种文字。敦煌发现的摩尼教文献主要是有《摩尼教残经》《下部赞》《摩尼光佛教法仪略》等三种。它们均被收入日本《大正新修大藏经》第54卷。摩尼教在唐代中国盛传一时，会昌五年（845年）遭敕禁。

火祆教，简称祆教，源于波斯琐罗亚斯德教。祆教是在基督教诞生之前中东最有影响的宗教，它既是古代波斯帝国的国教，也是中亚等地的共同宗教，曾被伊斯兰教徒贬称为“拜火教”，在中国称为“祆教”或“火祆教”。祆教在中国建有祆祠，但未见有汉译经典传世，也未见史料中提及其有译经之举。这主要是因为祆教的僧侣完全不像景教或摩尼教僧侣那样，热衷于译经活动。据记载，9世纪后半期，敦煌一年四季都有赛祆活动。P.2003《佛说十王经图》之十四也描述了与火祆葬俗有关的风俗，这些都有助于对火祆教的研究。

3. 有助于敦煌文学的研究

敦煌文学的概念比较广泛，只要是敦煌遗书中具有文学色彩的文献都是其研究对象。

敦煌俗讲变文是唐代民间说唱文学的主要形式，是在汉魏六朝乐府、小说、杂赋等文学传统的基础上发展演变而成的新兴文体。通过对变文的研究，有助于我们了解我国说唱文学的兴起、发展和繁荣，还可以回答文学史上曾长期不能解决的宋、元、明、清民间文学的渊源问题。

现存的敦煌变文，从内容上看，其题材大体有三类：一是历史故事类，如《伍子胥变文》《汉将王陵变》《李陵变文》《王昭君变文》等，都是以历史人物为中心的。还有一些作品则写了当代的历史事件，如《张议潮变文》《张淮深变文》就是以当时当地的英雄人物为描写对象的。二是民间传说类，如《孟姜女变文》《舜子变》《前汉刘家太子传》等，它们讲述的是与历史人物、历史事件和地方古迹、社会习俗等有关的故事。三是宗教类，如《太子成道经》《八相变》《降魔变文》

《破魔变》《大目乾连冥间救母变文》《频婆娑罗王后宫彩女功德意供养塔生天因缘变》等。

敦煌诗歌是敦煌遗书的重要内容之一。它主要指敦煌藏经洞发现的唐代诗人专集、唐代诗文选集、唐人选唐诗以及流传于敦煌地区僧俗人士的诗歌残卷，还包括某些即情应世、针砭时弊、感慨悲怀的敦煌民间诗歌，总数可达三千首左右，是唐、五代时期敦煌地区诗歌繁荣的真实写照。通过对敦煌诗歌的搜集整理，既可补《全唐诗》之不足，又可为研究唐、五代及敦煌文化做出宝贵的贡献。

敦煌白话诗是敦煌文学中比较有特色的文学样式，其中首推诗人王梵志，王梵志是当时比较有影响的白话诗人、僧人，今人整理出《王梵志诗校辑》，收诗348首，他的诗除了句子整齐外还有一点儿“诗”的意思，即不讲对仗、平仄，使用的是纯粹的口语，完全不加修饰，完全打破了传统诗歌的概念。如他写的“他人骑大马，我独跨驴子。回顾担柴汉，心下较些子。”“城外土馒头，馅草在城里。一人吃一个，莫嫌没滋味。”“我见那汉死，肚里热如火。不是惜那汉，恐畏还到我。”学者们认为这与他的僧人身份不无关系。佛教起自社会下层，为了争取信众，本来就有以口语传法的传统，传入中土以后，这个传统并没有中断，故中国的僧尼亦崇尚口语，与中国文人以文言写作的习惯形成强烈对照。

敦煌遗书中所保存的唐代诗人作品，有专集、选集、名篇珍本、残诗断卷等，它们的发现，为唐代文学的研究提供了新材料。

第一，唐人诗集。敦煌发现的唐人诗集，除《王梵志诗集》外，主要有《李峤杂咏注》《高适诗集》《白香山诗集》等。《李峤杂咏注》有两种抄本（S.0555、P.3738），诗注为张庭芳所撰。经比较对勘，两卷所存诗句与佚存本、《全唐诗》本略有差异，这是迄今发现敦煌唐人诗集的唯一注本，非常可贵。

第二，唐人选唐诗。敦煌所见唐人抄写的唐诗选集卷帙较多，有的还夹抄有文、赋、词等作品。如P.2555有诗181首、词7首、文2篇、赋2篇，是一部十分丰富的唐人诗文选集残卷。其中有很多诗篇为《全唐诗》所未载，是研究唐代文学的珍贵资料。

在唐人选唐诗抄卷中，题为《珠英学士集》的抄本最引人注目。《新唐书·艺文志》曰："珠英学士集五卷，崔融集武后时修《三教珠英》学士李峤张说等诗。"《崇文总目》《郡斋读书志》亦有著录，说明宋代犹存。其后，该集散佚失传。今从敦煌本复得此集残卷两种，即P.3771，存元希声诗2首、房元阳诗2首、杨齐哲诗2首、胡皓诗7首、乔备诗4首；S.2717题有“《珠英集》第五”一行，存沈佺期诗10首、李适诗3首、崔湜诗9首、刘知几诗3首、王无竞诗7首、马吉甫诗3首。两卷共得诗52首，与《全唐诗》相校，可得佚诗27首。其他“唐人选唐诗”卷中较为重要的有P.2567，罗振玉《鸣沙石室佚书》中有影印本，其序曰：“诗选残卷，共存者凡六家。前三首撰人名在断损处，不可见，今据《全唐诗》知为李昂。其名存者，曰王昌龄、曰邱为、曰陶翰、曰李白、曰高适。都计完者71篇，残者2篇。”

第三，唐人名篇佚存。敦煌诗歌中保存的唐人名篇佳作，以韦庄的《秦妇吟》最为著名。该诗的抄本较多（如P.2700、P.3381、P.3780、P.3910、S.0692、S.5476、S.5477等），根据题记，写本年代最早的是“天复五年乙丑岁（905年）十二月十五日敦煌金光明寺学仕张龟写”。该写本上距作者诗中述及的时间“中和癸卯”（883年）只有22年，当属最接近原诗而又真实可靠的写本。该本原题“秦妇吟一卷，右补阙韦庄撰”。该诗久已失传，仅《北梦琐言》载其佚句，该书卷六云：“蜀相韦庄应举时，遇黄寇犯阙，著《秦妇吟》一篇，内一联云：‘内库烧为锦绣灰，天街踏尽公卿骨。’尔后公卿亦多垂讶，庄乃讳之。时人号‘《秦妇吟》秀才’。他日撰家戒，内不许垂《秦妇吟》障子，以此止谤，亦无及也。”由于敦煌写本的发现，该诗方得重现于世，并以其深刻的艺术魅力，引起人们的关注。

《秦妇吟》长达1600余字，是古典诗歌中少有的巨制。诗人亲自经历了“黄巢起义”的动荡年代，饱受颠沛流离之苦，他以高度概括的现实主义手法，深刻反映了唐末农民起义冲击下唐代社会的真实情况。《秦妇吟》的主要倾向当然是反对农民起义，但它在客观上却表现了起义军的高贵品质和惊天动地的伟大气势，这是诗人始料不及的。诗成之后，不胫而走，远及边塞西陲。

敦煌词也与文人词一样，普遍运用了多种修辞方法，如夸张、比喻、衬托、影射、借景写情、借物写人等，都精妙确切，运用自如。另外，敦煌词用韵比较随便，每调字数、句数的多少均无具体的规定，四声格律同样无所谓定格。

敦煌曲子词的主要内容有：第一，描写普通劳动人民生活的曲子词。敦煌曲子词中描写普通劳动人民的词很多，许多都不知作者。有描写劳动场面的，也有关于妇女问题的描写，如闺怨题材，绝大多数率直地表达征妇对出征丈夫的思念，还有描写最下层的妓女生活。第二，歌颂爱国志士的曲子词。敦煌曲子词中有关爱国题材的词篇虽然都以忠君、忠于中原王朝为主，但却融合着人民的爱国思想和感情，体现了晚唐五代敦煌地区人民维护祖国统一的可贵精神。第三，反映民族关系的曲子词。敦煌既是古代丝绸之路的咽喉之地，又是各民族相互交往的主要场所和聚居地，因而在敦煌遗书中保存了一些反映民族关系的曲子词。第四，分时联章体曲子词。在敦煌遗书中，还保存了一些以时间为顺序的联章体曲子词。它们是以五更、十二时辰、十二月、百岁篇、十恩德的形式分时歌唱的。

《五更转》是以夜间五个更次为时间单位，分别做成的一首首互相关联的歌辞，它基本上由五章组成，每章是一首，也可以是几首。

《十二时》是以我国古老的十二地支的计时方法，将一天分成12时段而分别作成12章歌辞的民间曲词。

《十二月》是按照12个月的顺序连续歌唱的联章体裁，每月一首；有增加闰月一首的，便有13首。这种按月咏唱的联章体歌辞由来已久，比《五更转》《十二时》歌辞要早。

《百岁篇》是把人的一生按百岁计算，以10年为单位加以歌咏的民间曲词。从其内容和分题看，主要有缁门、丈夫、女人三类作品。《缁门百岁篇》是写出家人虔心事佛的，是借用《百岁篇》曲调而写的佛曲；《丈夫百岁篇》是写男人经历的；《女人百岁篇》是写女人一生的。

《十恩德》是把父母养育之恩分成10个阶段来歌唱的一种民间曲词，由10章组成。这是那个时期比较流行的劝孝歌辞。敦煌写本《十恩德》歌辞，其内容都是对父母养育之恩的歌颂。

4. 敦煌遗书与科技史资料

敦煌遗书中有许多科技史资料，如数学方面有算术、算经；物理学方面有力学、计量学；化学方面有冶炼、炼丹术；天文学方面有历日、星图、天文图；造纸与印刷术的资料也极为珍贵。

天文学资料包括历日与星图两个方面。敦煌遗书中的历日写卷已知有40余件，且均比《会天历》早，最早的为北魏历日，最晚的为北宋历日。

吐蕃占领以前，敦煌一直使用唐王朝的历书；吐蕃占领敦煌后，象征王权的中原历书也无法颁行到那里了。吐蕃使用地支和十二生肖纪年，这既不符合汉人用干支纪年、月、日的习惯，也无法满足敦煌汉人日常生活的需要。因此，敦煌地区便出现了当地自编的历书。张议潮收复沙州后，由于敦煌地区自编历书已成习惯，民间仍继续使用自编历书，并一直延续到宋初，前后达两个世纪之久。

来自基督教的星期制度最早引入我国历法是从敦煌历开始的。一星期的各日在敦煌历日中都有对应的术语，如蜜（星期日）、莫（星期一）、云汉（星期二）、嘀（星期三）、温没斯（星期四）、那颉（星期五）、鸡缓（星期六）。

在敦煌文献中，还有两幅精美的古代星图，一幅是S.3326《全天星图》，现藏英国国家图书馆；另一幅是《紫微垣星图》，现藏甘肃省敦煌市博物馆，画在敦博076号《唐人写地志》残卷的背面。其中《全天星图》是世界上现存星数最多（1359颗），也是最古老的一幅星图，早就引起了中外科技史专家的重视。英国研究中国科技史的专家李约瑟教授首先研究了这幅星图，认为在所有文明古国流传下来的星图中，这是最古老的一种。

印刷术，包括雕版印刷和活字印刷，是中国古代四大发明之一，是我国人民对人类文化的伟大贡献。在敦煌遗书中发现了一些印本书。在这些宝贵文献中，雕版印刷产生的过程，从原始捶拓本到整版开雕的印本都有留存，其中有些还附有纪年题记，这就为我国雕版印刷发明的时间和演变提供了可贵的实物例证资料。从文献记载及敦煌所出拓本、印本书卷来看，雕版印刷起源于捶拓，而刻石及石经的出现导致了捶拓方法的兴起和演变。

5. 敦煌文献保留了古代医药文献

敦煌石窟中有许多医学方面的内容，估计敦煌医学卷子总数达100种左右，尤其在敦煌遗书中有许多珍贵的医药文献，对其进行深入研究和发掘整理，可以丰富祖国医学的内容，填补一些领域的空白。有些甚至可以古为今用，在现代医学中发挥其应有的作用。

据目前所知，敦煌遗书中的医经残卷有十余种，主要有《内经》《伤寒论》《脉经》的片断及《五脏论》《新集备急灸经》等。

在医学理论的完善方面，医书文献对人体生理、病理、经络的论述，在有些方面补充了《内经》等古代医学理论，某些理论是其他古医籍中从未出现过的。在药物学方面，敦煌卷子医书保存了我国唐以前四种重要本草著作的早期传本，如《本草经集注》《亡名氏本草序例》《新修本草》《食疗本草》。

在方剂学方面，医书文献中保存的医方达1024篇，大都是六朝、隋唐时期医家通过长期临床实践的验方、效方。

在针灸学方面，《灸法图》《新集备急灸经》等，是现存最古老的针灸图。图谱中将病症与穴位用线连接起来，可按症取穴，图文并茂，形象生动。

此外，还有建筑、纺织、酿酒、熬糖以及矿业开发与利用、兵器、手工业等技术史方面的材料。它们对我国科技史的研究有极为重要的价值，是学术海洋中的一颗颗珍宝，值得我们重视与研究。

综上所述，敦煌文献资料包容众多，从历史地理、文学资料到宗教材料、科技史材料，可谓应有尽有，这些文献除了在本学科领域有文献价值以外，综合起来看，它们也是当时普通人生活的体现，这些文献资料其实也反映了当时人们生活的各个方面。

# 敦煌人的守护

敦煌莫高窟这座人类文化艺术宝库，在屡遭浩劫后能得以保存并获新生，拥有今天崭新的面貌，有无数仁人志士曾付出过极大的心血和汗水。从王圆箓在莫高窟种树开始，到1944年成立国立敦煌艺术研究所，到后来的敦煌文物研究所及今日的敦煌研究院已经70多年的历史中，历任领导人——敦煌守护神常书鸿、几十年如一日的段文杰和敦煌女儿樊锦诗，历代莫高窟人都为莫高窟的保护和发展立下了汗马功劳。

## 常书鸿——敦煌守护神

常书鸿，满族，1904年生于杭州一个驻防旗兵的骑尉之家。他自幼学画，8岁入梅青书院（私塾）读书，后进入时敏小学、惠兰高等小学，高小毕业后入浙江省立甲种工业学校，学习与绘画有关的染织专业。1923年，常书鸿毕业留校任美术教员。1927年赴法国里昂国立美术专科学校学习油画。1932年，他入巴黎高等美术学院，后因作品一再获金奖和银奖而被选为法国美术家协会会员，是法国肖像画协会会员，有的作品还被法国的美术馆收藏。

常书鸿

1935年，他在塞纳河畔的旧书摊上第一次看到了伯希和的《敦煌图录》，里面是300多幅敦煌莫高窟壁画和塑像图片。这些图片是伯希和1908年从甘肃敦煌石窟中拍摄的，是4世纪到14世纪前后1000年中的创作，距今1500年的古画，让常书鸿大为惊讶，不能相信。快到收摊时间，那个书摊主见他舍不得离开的样子，告诉他，还有许多敦煌壁画、绢画和资料都存在不远处的吉美博物馆。第二天一早，他马上跑到那里去观看……凭借自己的艺术造诣和艺术家的敏感，他敏锐地发觉敦煌石窟艺术无论在时代上或在艺术表现技法上，都显出隽永先进的技术水平，是中西方佛教文化艺术的结晶，这真是“不可思议的奇迹”。在异国发现自己祖国有如此悠久的历史文化和艺术瑰宝，真让专门出国学画的人感到惭愧。他深深自责有数典忘祖之嫌，因此决定尽快回国，想要亲眼看看祖国美妙的绘画艺术。

半年后，常书鸿回到北平，被聘为国立北平艺术专科学校西画系主任、教授。在一次学人聚会上，常书鸿第一次与梁思成见面，从此成了终生好友。他们谈到了敦煌，两个人都兴奋不已。其时，国内学术界、文化界对于保护敦煌遗产的呼声越来越高。1942年，在一些爱国人士的呼吁下，国民党政府责令教育部筹备成立“国立敦煌艺术研究所”。1942年秋的一天，常书鸿得到消息，教育部成立敦煌艺术研究所，问他愿不愿意担任筹备工作。“到敦煌去”，这正是常书鸿多年梦寐以求的愿望，他略加思索之后便毅然承担了这一工作。原来，当时的国民政府监察院长于右任从西北考察回来后提出了建立敦煌艺术研究所的提案，并获得通过。梁思成得知这个消息后，向于右任力荐常书鸿担任所长。1942年8月，重庆报纸上公开报道了“国立敦煌艺术研究所”即将筹备成立的消息，公布了筹备委员会委员名单，由七人组成，陕甘宁青新五省监察使高一涵任主任委员，常书鸿任副主任委员，王子云任秘书，张庚由、郑通和、张大千、窦景椿等任委员。从此，常书鸿开始了他终生无悔的敦煌事业。虽然主任委员由西北五省监察使高一涵兼任，但不过是个名义，所以实际的负责人是常书鸿。1943年，常书鸿离开重庆时，梁思成送了他四个字“破釜沉舟”，并对他的精神表示钦佩。

渴盼已久的献身敦煌事业的这一愿望即将实现，这使常书鸿十分兴奋，然而，西去敦煌数千公里，没有足够的经费，根本无法实现。为了筹集资金，他拿出多年创作的油画，举办个人画展，卖画自筹经费。1942年，他告别妻儿，告别繁华的城市，乘飞机飞往兰州。1943年2月20日，他与聘请的刘荣增、辛普德、李赞廷、龚祥礼、陈延儒等人乘坐敞篷卡车，迎着西北刺骨的寒风和飞雪，行2000多公里前往敦煌。经过约一个月的艰难跋涉，终于见到了梦寐以求的、深藏在沙漠中的石室宝藏。

初到敦煌时，敦煌的生活是异常艰辛的，宿舍和办公室是小庙的土屋和由马棚改造的房子，土炕、土桌子、土沙发和土书架是最常见的家具，最基本的生活物资时常发生困难。1943年3月24日，常书鸿等六人在千佛洞中寺破庙的土炕上共进第一顿晚餐。他们用来照明的是从老喇嘛那里借来的木头剜成的油灯，筷子是从河滩上折来的红柳枝做成的，吃的是河水煮的半生不熟的面片。这是他们新生活的开始。由于久居法国，常书鸿特别喜欢喝咖啡，甚至从法国带回国的咖啡壶，也带到敦煌了，可是因为没有糖，水却又是咸的，他只能喝又苦又咸的咖啡。咸水熬的粥也是咸的，尤其是夏天，下午的溪水经过一上午阳光暴晒，盐分更大。由于离县城很远，从城里买肉食来回需要五十多公里，牛车要走12个小时，加上戈壁滩上太阳一晒，肉往往也就臭了，豆腐也酸了，所以只能在冬天把肉腌起来做好准备。因为缺乏燃料，要从戈壁滩上挖取一种叫作“梭梭”的枯死灌木树根来烧，烧火一次，就要蒸够吃半个月的馒头。新蒸的馒头一出笼，立刻铺在箢篼里放到房顶上让太阳暴晒，干透了可以保存两三个月。大米是从内地运来的，数量很少。在当地连“洋火”也是从内地运来的，据说当时一盒“洋火”可以换到一斗麦子。刚来时，常书鸿的主要交通工具就是牛车，后来有了两头驴，可供人骑。再后来敦煌县政府破获了一个贩毒案，没收了犯人的一匹马，送给了常书鸿。

除了生活上的种种不便，石窟的惨相更令常书鸿倍感辛酸：许多洞窟已被曾住在里面烧火做饭的白俄军队熏成漆黑一片；一些珍贵壁画被华尔纳用胶布粘走，个别彩塑也被偷去；大多数洞窟的侧壁被王道士随意打穿，以便在窟间穿行；许多洞窟的前室都已坍塌；几乎全部栈道都已毁损，大多数洞窟无法登临。虽赖气候的干燥，壁画侥幸保存，但冬天崖顶积雪，春天融化后沿着崖顶裂隙渗下，使壁画底层受潮，发生起鼓、酥碱现象。窟前绿洲上放牧着牛羊，林木岌岌可危，从鸣沙山吹来的流沙就像细细的水柱甚至瀑布一样，从崖顶流下，堆积到洞窟里，几十年来无人清理。总之，莫高窟无人管理，处在大自然和人为的双重破坏之中。

1944年元旦，国立敦煌艺术研究所在莫高窟成立，常书鸿被任命为第一任所长。常书鸿将家人接到了莫高窟，开始了无期徒刑式的精神追求之路。他在恶劣环境下，组织人力整理修复洞窟，临摹壁画。没有经费，他一面动员同事节衣缩食，一面靠为人画像创收和向内地呼吁捐款过日子，同时把自己的临摹画和油画拿出来展览出卖，筹措资金，使自己在远离人群的空寂沟谷里坚持了下来。随着国立敦煌艺术研究所工作的逐步开展，常书鸿先后又从重庆、成都等地聘请了史岩、李浴、董希文、张琳英、邵芳、赵冠州、乌密风、周绍淼、潘洁兹、苏莹辉等一批专家。当时正是抗战时期，大伙怀着朝圣似的虔诚和对艺术的热爱，先后来到莫高窟，住在破庙、马厩里，在洞窟上开始了清沙、临摹、测绘、摄影、内容调查和题记抄录等方面的保护和研究工作。

面对莫高窟百废待兴的局面，常书鸿深感到自己肩上的任务沉重而艰巨，他暂时放弃了画画，义无反顾地带领大家干起了既非艺术又非研究的石窟管理员工作。

首先要做的事是修建一道围墙，把“绿洲”围起来，禁止人们随便进入、破坏林木和进出洞窟。没有经费来源，常书鸿就不断地给国民政府打报告，可是半年过去了，经费仍毫无音信。常书鸿只好给梁思成发去电报，请他代为交涉。

第三天就接到回电，告知“接电后，即去教育部查询，他们把责任推给财政部，经财政部查明，并无国立敦煌艺术研究所的预算，只有一个国立东方艺术研究所，因不知所在，无从汇款”。显然，是财政部的官员不知道“敦煌”为何物，把它误为“东方”了。经过梁思成的奔走，经费终于汇出。这对于工作人员情绪的稳定起了很大作用。之后，他还与敦煌县府商议动员民工100多人，自带粮食和烧柴，吃住在莫高窟，经过50多天的辛苦施工，修筑起“莫高窟的万里长城”——一道长达千米的土坯防沙墙，有效地防止了流沙四处蔓延。这道防沙墙直到中华人民共和国成立后很长时间，还矗立在风沙口上，起着很大的防风防流沙作用。

接下来就要整理洞窟，首先必须清除常年堆积在窟前甬道的流沙。要清除大约十万立方米的流沙，按照当时的工价需要300万元，但所里剩下的经费只有5万元了，好在大家情绪很高，雇不起民工就自己干。他们用自制的刮沙板，一人在前面拉，一人在后面推，一点点地把沙推到水渠边，然后再用水把沙冲走。他们前后用了两年时间，加上少量民工，终于把流沙清除完毕。

1944年元旦，县里和研究所联合发出布告，宣布莫高窟正式收归国有，禁止放牧和私人进入窟区，防止牲畜随意进入，啃食树木，阻止来往于此地的淘金人、牧民和游客在洞窟里住宿、生火做饭等损害文物的行为。至此，石窟清理及外部环境保护工作告一段落。

接下来，常书鸿根据筹委会通过的敦煌艺术保护研究计划大纲和实际情况，决定首先进行测绘石窟图、洞窟内容调查、石窟编号、壁画临摹等几项工作。

为了进洞工作，首先要清理、修补通往各洞及各洞连接的栈道。原来的栈道由于年久失修，有的腐朽、有的倒塌、有的堵塞了，在没钱雇人的情况下，他们决定自己干起来。他们用水夯沙做土坯，打桩、钉架、筑垒，两个多月时间，修补好简易栈道，为进洞开展工作做好了准备。

调查工作本来是比较简单的，但是由于没有必要的工具而变得复杂起来，有时还出现险情。当时没有长梯，只好把几个小梯子接起来用，人爬上去歪歪扭扭、摇摇晃晃，使人提心吊胆。后来大家想办法，用一根长的杨树椽子，每隔30公分钉一根横木，做成简易的“蜈蚣梯”，攀登时手脚并用。在调查南部位于高处的一座晚唐洞窟第196窟时，常书鸿与潘洁兹、董希文和工人窦占彪上去工作，蜈蚣梯却不知什么时候翻倒了，他们上不着天，下不着地，被困在距地面近30

米高的洞窟中。他们试图沿着七八十度的陡崖往上爬上崖顶，却险些摔下山崖。后来还是窦占彪一个人先爬了上去，再用绳子把他们一个个吊上去，才脱离险境。

进洞的问题解决之后，他们就开始了洞窟的编号和普查，逐渐开展了重点壁画的临摹。壁画临摹，对于这些专业绘画人员来说并不是难事，困难的是缺材料。首先是纸、笔、颜料，附近无处购，他们只好就地取材，把当地糊窗户用的纸裱褙起来代替绘画用纸；画笔秃了、坏了，自己修理；没有颜料，就按照民间艺人的经验，从黄泥、红泥中提取自然颜料。其次是照明和绘画设备问题，洞里没有照明设备，更没有必要的桌、凳，他们只好一手拿油灯，一手拿画笔，在简易的画板上艰难地临摹，看一眼画一笔，油灯熏得人头昏眼花，特别是临摹洞顶壁画，不停地仰头，不一会儿就头晕目眩。

艰辛的工作和大家的努力并没有阻挡历史发展的步伐，正当他们对莫高窟一切工作开始逐渐熟悉、步入正轨的时候，1945年8月，国民党政府撤销了研究所，研究所的学者、画家相继离开莫高窟返回家乡，临摹的壁画留下不多，3000多幅照片底片也被人席卷而去，研究所只剩下三四个人，常书鸿不得不走了。他找来两头毛驴，分别驮上简单的行李家当和妻儿，恋恋不舍地离开了莫高窟，离开了敦煌，回到了重庆。

1946年，经常书鸿、傅斯年、向达、夏鼐等学者奔走呼吁，敦煌艺术研究所得以恢复，隶属中央研究院。这一次常书鸿兴高采烈、意气风发地又往敦煌去，一辆10轮美制军用大卡车，满载着新招收的人员、图书资料、器材设备和新的希望，驶向敦煌，他又一次实现了自己的愿望。一路上，还从重庆、成都、兰州招聘了郭世清、刘缦云、凌春德、段文杰、范文藻、霍熙亮等一批美术人员。第二年，又从成都来了孙儒僩、黄文馥、欧阳琳、李承仙、薛德嘉、萧克俭等。第三年，史苇湘也来了。

大批年轻人的到来，使莫高窟充满了生机。他们在常书鸿的带领下，给莫高窟洞窟重新进行编号，大规模进行壁画临摹。到1948年初，他们完成了《历代壁画代表作选》《历代藻井图案选》《历代佛光图案选》《历代莲座图案选》《历代线条选》《历代建筑资料选》《历代飞天选》《历代山水人物选》《历代服饰选》以及《宋代佛教故事画选》等十几个专题的编选工作，共选绘壁画临摹本800多幅。

1948年8月，常书鸿带着精选的500余幅临摹壁画在南京国立中央研究院举办了“敦煌艺术展览”。各国驻华使节都观看了展览，蒋介石也率领于右任、陈立夫、孙科、傅斯年等一批国民党高级官员冒雨前来参观。蒋介石留言加以称赞，积极支持展览的教育部部长朱家骅还亲自撰写了《敦煌展览与中国文艺复兴》一文。

1949年9月，中华人民共和国成立前夕，国民党地方军政要员纷纷逃跑，溃散到敦煌地区的国民党残兵游勇，伙同地方土匪流寇，曾几次洗劫莫高窟，抢劫钱财粮食。为了保护莫高窟艺术，常书鸿和大家组织起保卫小组，在重要洞窟门口垒起沙袋，利用仅有的几支步枪，随时防备和打击来抢劫莫高窟的敌人。

9月28日，敦煌解放了。常书鸿和同事们无比激动，将红旗插在研究所房顶上，还敲响大佛殿高楼上的古钟，庆贺国家和世界艺术宝库获得新生。解放军某部团长遵照彭德怀“保护莫高窟”的批示，带领解放军来到莫高窟，给研究所带来粮食、肉食和蔬菜，解决了土匪流寇抢劫和研究所人员饥饿的困境。

1951年1月，敦煌艺术研究所更名为“敦煌文物研究所”，常书鸿被任命为所长，他不负众望，带领全所工作人员，开展文物研究和敦煌艺术保护工作。当年4月13日，在北京故宫午门城楼的历史博物馆举办了“敦煌文物展览”。后又赴印度、缅甸进行友好访问并展示敦煌壁画摹本等，弘扬了中国文化艺术。

1956年，常书鸿加入中国共产党，后兼任兰州艺术学院院长。在他的大力倡导和组织下，把敦煌艺术作为一门学科列入教学课程。1957年末1958年初，他首次前往日本举办敦煌艺术展览，有10万多人前去参观，创造了日本购票参观艺术展览会的最高纪录，被誉为中国的“人间国宝”。

1961年3月，敦煌莫高窟成为第一批全国重点文物保护单位。第二年，敦煌文物研究所向文化部呈报了《关于加强保护莫高窟群的报告》，对洞窟开始了大规模的整修加固工作，并筹划编辑出版了180大本《敦煌全集》，举办了国际学术会议，以纪念莫高窟建窟1600周年。

1973年，他离开敦煌莫高窟，迁居兰州。后任省文化局和省文联领导。1982年，国家文物局调他为顾问，他举家从兰州迁往北京。他身居北京，却念念不忘敦煌。在他晚年时，有位日本友人曾问他：“如果来生再到人世，你将选择什么职业呢？”他回答说：“我不是佛教徒，不相信‘转世’。不过，如果真的再一次托生为人，我将还是‘常书鸿’。我要去敦煌完成那些尚未做完的工作。”

在他90岁高龄时，还致信江泽民主席，要求让妻子、儿子继续自己的事业，“为振兴中华尽绵薄之力”。然而，1994

年6月，他逝世于北京，回敦煌的宏愿终未实现。但按照他生前的遗嘱，家人将他的骨灰送回敦煌，安葬在莫高窟大泉河畔的黄土地上，圆了他魂牵梦绕的敦煌之梦！

## 段文杰——守护敦煌60年

段文杰（1917年8月23日—2011年1月21日），四川省蓬溪县常乐镇人，祖籍四川绵阳丰谷镇，擅长国画，敦煌文物研究所所长。1945年毕业于重庆国立艺专。1946年来到敦煌莫高窟，从此扎根大漠、潜心于敦煌壁画临摹和敦煌艺术研究，历任敦煌艺术研究美术组组长、敦煌文物研究所所长、

段文杰

升格扩编后的敦煌研究院院长，中国美术家协会甘肃分会副主席，第六、七届全国政协委员，著有《敦煌彩塑艺术》《敦煌壁画概述》《敦煌壁画中的衣冠服饰》等，临摹敦煌壁画384幅，在国内外多次展出，出版有《段文杰敦煌艺术研究文集》《段文杰敦煌壁画临摹集》等。

1980年，中共甘肃省委对敦煌文物研究所进行了整顿，调整和加强了领导班子。在这次调整中，段文杰被任命为第一副所长，并实际主持敦煌文物研究所的工作。在他的主持下，组建了新的领导班子、扩展了业务部门、扩大了编制、增加了人员，为研究院和敦煌事业的继续发展创造了良好的条件。1984年1月15日，在敦煌文物研究所基础上，成立敦煌研究院。常书鸿任名誉院长，段文杰任院长。段文杰先生按照“保护、研究、弘扬”的六字方针对研究院的工作做了全面的部署。在他的领导下，敦煌研究院开创了敦煌文物保护、研究、弘扬事业的新局面。从1980年任敦煌文物研究所第一副所长到1998年从敦煌研究院院长的领导岗位上退居二线的18年，既是我国敦煌学蓬勃发展的18年，也是敦煌研究院学术进步、走向世界、机构建设的黄金时期。

段文杰先生认为“保护是我院的首要任务”，“没有保护就没有一切”。在他主持下制定了科学保护规划，积极培养科学技术保护人才、充实科学技术保护手段、引进先进技术、开展国内外合作保护。20世纪80年代，在莫高窟设置了国内最先进的全自动气象站和其他环境监测仪器，对窟区大环境和洞窟内微环境进行监测记录，通过获取的大量数据掌握了影响文物保护的环境因素；通过对风向、风速的监测，针对莫高窟多风向的特点，采取了综合措施对长期困扰莫高窟的风沙危害开展有效治理；对敦煌各石窟崖体岩石的化学成分进行了分析，对石窟崖体地层的形成和构造特征及病害的形成做了调查；对榆林窟危崖采用锚索技术和裂隙灌浆技术完成抢救性加固；对壁画和彩塑所使用的材料及其病害成因和机理做了分析研究，从而有针对性地对病害壁画和彩塑进行抢救性修复。

段文杰先生认为“保护的目的是应用，用就得研究，阐释文物价值、历史价值、艺术价值、科学价值等等。因而对石窟考古和石窟艺术展开了广泛而深入的研讨”。

### 樊锦诗——敦煌女儿

樊锦诗，1938年出生于北平，在上海长大，1963年毕业于北京大学历史系考古专业，毕业后来到敦煌文物研究所，开始了敦煌石窟考古研究的生涯。那时，中国的石窟考古研究刚刚起步，对于刚毕业的她来说，无疑充满了挑战。色彩斑斓的壁画、彩塑，由佛像画、故事画、经变画等组成的恢宏的艺术世界，每天都吸引着她，使她忘却了沙漠中生活的极端艰苦。

樊锦诗

樊锦诗于1977年任副所长，1984年8月任敦煌研究院副院长，1998年4月任敦煌研究院院长，2015年1月起任敦煌研究院名誉院长。她带领科研人员，在石窟遗址的科学保护、科学管理上走出了一条切实可行的路，初步形成了一些石窟科学保护的理论与方法。她最早提出利用计算机技术实现敦煌壁画、彩塑艺术永久保存的构想。

岁月的磨砺以及西北广袤天地的锻炼，使樊锦诗的性格变得坚韧而执着。年轻时的樊锦诗是个内向沉默的人，但现在的她说话直来直去，在风沙中大声与人争论着，“很多事情逼着你，就会变得非常着急，急了以后就会跟人去争了”。她在工作中非常严厉，甚至不近人情，再加上工作雷厉风行，说话直截了当，常常在不自知的情况下惹恼了别人，有人在背地里骂她“死老太婆”。人都走光了的深夜，她常常独自在办公室紧锁双眉来回踱步，慢慢消化那些尖利刺耳的话。她说：“将来我滚蛋下台的时候，大伙能说句‘这老太婆还为敦煌做了点实事’，我就满足了。”

作为一个女性，樊锦诗在敦煌莫高窟奉献了她人生的大部分时光，这不仅是一个人的工作和荣耀，也与整个家庭的支持分不开，在家里她是母亲、妻子和女儿，而在敦煌她永远都只有一个身份，那就是“敦煌女儿”。为了纪念几代莫高窟人为保护莫高窟而做出的贡献，敦煌研究院塑造了一尊名为《青春》的雕塑，雕塑是一位齐耳短发、手拿草帽、肩挎背包，整装待发浑身洋溢着青春气息的少女，《青春》雕塑的原型就是当年从北京大学毕业直奔祖国大西北的樊锦诗。近半个世纪过去了，当年的青涩女孩如今已是满头华发，唯一不变的是报国志、赤子心、敦煌情。

# 敦煌学的未来

在2000年藏经洞发现一百周年之际，“流失海外的敦煌文物何时回归”成为当时的热门话题。对于这样一个棘手的问题，敦煌学者们都表达了自己的看法。

首先，敦煌文物流失是历史性的问题，流散的方式也各不相同。大家应该实事求是地认识问题，中国人民痛心于本国珍贵文物大量流失海外，盼望它们有一天能够回归故里，这种爱国主义情怀也是应该得到各国理解和支持的。同时，大家也应该在研究历史的时候明确认识历史是为了还历史以本来面目，并非要去追旧账，更不是要将祖辈之过记到子孙们身上。

其次，在目前的状况下，大家还是要努力地推进文化学术交流。近几十年来，中外学者们为了敦煌文物的保存、研究等工作都花费了不少的心血，因此在今后相当长的一段时间内，学者们还需要加强联系与合作，做好敦煌学的相关工作。

最后，大家应放眼未来，坚信历史难题必将圆满解决。敦煌遗书作为中国文化遗产中的璀璨明珠，如果将来有一天能够回归，定将抹平我们百年来的文化创伤。但是敦煌遗书的回归是一件十分复杂的事情，它的牵涉面非常大，需要中外人士集思广益、献计献策。虽然目前的条件都还不成熟，但大家应该坚信在将来的某个时候，这个问题一定能得到圆满的解决。

展望敦煌学研究的未来，敦煌学者们认为，敦煌研究本来就应该把敦煌石窟和敦煌出土文献及敦煌历史地理放在一起进行研究，但是由于科目划分很细的缘故，学者们很难做多个学科的研究，因此对于未来敦煌学研究的方向，研究者们要开阔眼界，对不同学科当中互相关联的资料做综合分析。同时，各国的研究者们应该多做学术上的交流与合作，毕竟研究学问就是各国文化交流的产物，学者们更应该在内容和形式上做好这一工作。

## 附一　藏经洞到底是谁发现的？

我们已经在前文中讲述了学术界公认藏经洞的发现者是王圆箓，可是据学者李正宇的研究，他认为从严格意义上来讲，王圆箓的助手杨某才是藏经洞真正的发现者。经过李先生的田野调查，他探访到杨某人的名字应该是叫作杨河清，这个名字被敦煌当地人所熟知。关于藏经洞的发现，敦煌地区是这样传说的。

由于日益繁忙的宗教事务，王圆箓聘请了家境贫寒而老实可靠的杨河清当帮手。杨河清的任务就是香火旺时给王圆箓打下手帮忙，香客少的时候则抄写道教善书。阳历6月是四月八香火旺季之后的一个小淡季，杨河清在16窟甬道的桌子前工作。工作之余难免抽两口烟解解闷。当烟斗里的烟丝烧成灰烬后，顺便在背后的墙壁上磕打烟灰。随着烟斗的叩击声，墙壁内传来了空洞的回声。杨河清暗自猜度觉得后面应该有玄机，于是认真观察，真的发现墙壁上有细细的裂缝，他捡了一根芨芨草往里试探着戳了几下，发现裂缝很深，没有到头，于是萌生了拆墙一探究竟的念头。可是他不是莫高窟的主人，他只是王圆箓花钱雇来的一个帮工，拆墙这样的大事不可能瞒着王圆箓一个人进行。于是，杨河清只好向王圆箓说明了自己的发现和拆墙的意图。

王圆箓正愁于自己的复兴大业如何展开，听说后面可能藏有密室暗道，非常感兴趣。等到夜深人静之时，王圆箓和杨河清两个人掌灯破壁，果然发现后面不同于别处，心里暗喜，打开土坯，发现墙壁后是一个小型石窟，里面存放着经卷、法器、铜佛等等。没有想象中的财宝，两个人不免有些失望，又连夜把洞口砌起来恢复原状。完事之后，已经到了次日清晨，即五月二十六，阳历6月22日。

这个故事在《敦煌守护神常书鸿》中也有记录，李正宇先生在讲述完这个故事后，总结说："其实藏经洞的真正发现者应是王道士的文案雇员、一位九流之末的贫寒读书人杨河清。王圆箓由于身为'住持当家'而浪得名利，并且由此成为神佛的宠儿，敦煌的富翁和文化史上的名人！"

这是一个令人感伤的话题，在学术界认同的故事版本当中，藏经洞的发现故事里也有杨姓助手的身影，可是现在大家都知道王圆箓，却让杨河清越走越远。且不说"发现者"这个身份是不是真的能带来名利，从历史研究的角度来说，尽可能地还原历史是历史学家该做的事情，这是这个故事给历史学家带来的一些提醒。

说到藏经洞，历史中还有另一个人物被历史学家所忽视。正如学者王冀青先生所说，早在王圆箓来到莫高窟之前，小喇嘛易昌恕就已经跟随师父居住在上寺了，1950年之后他作为敦煌文物研究所的编外人员仍然驻守在莫高窟，直到1961年左右去世。易喇嘛比王圆箓在莫高窟的时间长了几十年，经历了莫高窟大大小小的变故，但是直到他去世，也没有留下任何的口述史资料，实为一大遗憾。

这是莫高窟带来的第一重悲喜——历史细节的书写。从一个普通人的角度出发，我们需要一种历史的客观与公正；从研究者的角度出发，我们需要更加细致的梳理。历史在不远的地方不断地提醒我们，书写历史，书写正确的历史，书写全人类的历史。历史不仅仅属于其中的佼佼者，它更属于每一个经过的人。

## 附二　敦煌文书中的伪卷

文物收藏与买卖从古到今都是一个非常具有诱惑力的行当，其中巨额的利润让无数人折腰，甚至有人为了获取不正当收益而造假，从古到今，文物造假的例子举不胜举。举个近现代上了法庭的例子来说，时为首都的南京，有个张姓古董商极善作伪。1935年，他根据《古泉辞典》伪造了一批萧梁时代的五铢钱范，声称是在南京光华门外草场湖出土，借此发了笔财。尝到甜头后又用唐志残石，刻上“谓山窑”三字，又刻上“大通纪年”。当时中央大学教授朱希祖是中央古物保管会委员，见此石刻，惊为稀世宝物。张很大方，干脆将石刻献给古物保管委员会，获60块大洋奖励。报纸上还对此做了正面宣传。不久之后，另一委员马衡看出了破绽。朱希祖遂将张告到法院，结果张姓古董商行贿法院，反而胜诉。胜诉理由有些强词夺理：你一个考古专家无法鉴定赝品，应该自担责任，且“奖金”也是自愿颁发的，古董商未强要。从此朱希祖再不谈考古。

敦煌文书也未能避免这样的命运。除了英、法、中、俄四国国家图书馆或科学院中我们确切知道历史来源的藏品外，许多流散在外的敦煌写本逐渐沦为北京、上海等地收藏家的心头之好，或者流通进入文物市场，成为商品。有人热衷文书就有人出卖，有人出卖就有人造假。一些古物商人或个人为了牟取暴利，伪造敦煌文书，偷偷地在社会上交易。这些伪造经卷或流入私家或进入博物馆，因此新世纪的一项重要挑战就是辨别公家与私家收藏的敦煌卷子真伪。敦煌文书的辨伪要从20世纪说起，藤枝晃先生1986年发表《关于“德化李氏凡将阁珍藏”印》一文，对京都国立博物馆所藏敦煌写本的真伪表示怀疑，同时他将伪卷的看法不断扩大化，由京都国立博物馆扩大到所有日本的小收藏品，由“德化李氏凡将阁珍藏”印扩大到所有盖着李盛铎藏书印的写本，并在媒体上公开宣称日本所藏敦煌写本中98%是伪物，进而认为除了英国斯坦因（1907年）、法国伯希和（1908年）、清政府（1910年）所得敦煌写本为真卷外，日本大谷光瑞考察团（1912年）、俄国鄂登堡（1914—1915年）、英国斯坦因第三次中亚探险（1914年）所获敦煌文书均有相当多的伪本。藤枝晃教授积多年来从古文书学的角度研究敦煌写本的经验，提醒研究者重视伪本的存在。特别是在目前，当英图、法图、北图等直接来自藏经洞的文献公布以后，正在陆续公布许多小收集品。这些小收集品中真伪混杂，大家应当十分警惕其中的伪卷，以免把研究建立在完全不可靠的基石上，同时也不能把真本简单地叱为伪卷，使真实珍贵的史料化为乌有。

经陈国灿先生精审考证，现藏日本奈良赤井南明堂，也是所谓李盛铎旧藏的元康八年（298年）索琳书《蜀志・诸葛亮传》和泰始九年（273年）张华写《大般涅槃经》卷十，已被令人信服地判定为伪卷。

经过学者荣新江的考证，对于李盛铎藏卷有以下看法：第一，李盛铎曾从刚刚自甘肃押解入京的敦煌写经中取其善华，因此其家藏有敦煌真品自无疑义，而且李氏本人是有名的藏书家，善于检选，故其所取敦煌写卷中不乏精品；第二，李氏去世前，为还债务，已将家藏最好的写本整批出售到日本，这批写本迄今似未分散，但也没有公布过；第三，李氏死后，其藏书印落入书商之手，一些书商把真印印在假卷子上，借李氏名声以求高价；第四，由于李家藏有真品广为人知，而其出售写本一事又曾在报纸上广为宣传，所以最易为伪造赝品者钻空子，其做法之一就是伪造李氏印鉴，利用人们对李家藏品的信任来牟取暴利。

遗憾的是，伪卷的制造者，目前我们能够确知其姓名的，只有天津的陈益安（或作陈逸安）。此人乃李盛铎的外甥。但是陈氏伪造技术甚为高明，以致骗过了不少行家。据说他在古旧书伪造上有两种技术特长：其一，仿唐人写经，其书体精美逼真。其做法是，用由敦煌盗出之唐人写经纸和旧墨及其书仿之，以假乱真程度实难查出破绽。其二，用印色钩摹藏书名家之印字框逼真。

针对这一问题，英国国家图书馆东方写本与印本部于1997年6月30日至7月1日召开“20世纪初叶的敦煌写本伪卷”研讨会，邀请世界各国的敦煌学者、敦煌吐鲁番写本主要收藏机构的代表和研究纸张的科技专家三十余人，共同讨论文书的真伪问题，引起国际学界的广泛关注。

目前，敦煌文献的辨伪学主要建立在写本形态分析的基础上。在“写本学”方面做出杰出贡献的是藤枝晃先生和戴仁先生，还有王三庆、石塚晴通、赤尾荣庆等人，但是他们主要从纸张的规格、每页行数和每行字数、纸色、界栏、粘连胶体、造纸的原料成分、纤维、字体、书法、墨色等方面进行分析，甚至求助于纸张的质感和手感，因此仍具有很大的主观性，其基本性质仍是一种经验主义的鉴定方法。特别是过于依赖某一类特征作为判断依据，结论往往会失之于武断。至于自然科学的方法，如纸张纤维结构分析、液体负离子质量光谱分析、纸墨中所含金属元素的分析、原子分析法、碳14检测法等，或是由于精确度受所选取的标本影响，或是对写本有破坏作用，或是费用较高且有资料运输问题，一时难以大规模地展开，总之，都各有一些缺陷，目前尚未有完善的方案解决这一难题。因此，恐怕在较长一段时期内，仍然必须依靠以写本内容考辨为主，物质形态分析和写本收藏传递史考察为辅进行综合研究的方法。

敦煌真伪写本问题，是每一位敦煌研究者都要面临的棘手的问题。敦煌真伪写本问题的解决，也有待于敦煌写本研究者、对纸墨染料进行科学分析的科学工作者、古文书学者、书画鉴定专家、清末民初西北及西域探险史研究者、图书馆员、敦煌写本收藏家的通盘合作，用个案处理的方式，一一考查各收集品的真伪情况。

## 附三　张大千游历敦煌的得与失

张大千

张大千（1899—1983年），原名正权，单名爰，字季爰，因嗜佛教有居士之称，为印光法师的弟子，号大千，别号大千居士，四川省内江市人，著名的国画大师，他年轻时于沪拜名书画家曾龙髯、李梅庵为师，勤学苦练穷究画理，被徐悲鸿誉为“五百年来第一人”。1958年获美国纽约世界现代美术博览会金奖，并被公选为“当代世界第一大画家”。1968年，台湾中国文化大学授予他文学博士荣誉学位。1974年，美国加州太平洋大学授予他人文博士荣誉学位。1976年，台湾当局授予他“艺坛宗师”匾额。1956年赴法国与西画大师毕加索在尼斯湾毕宅会晤，切磋画艺，赠礼留念，被西方报纸评介为世界“艺术界的高峰会议”“中西艺术史上值得纪念的年代”，“东张西毕”齐名于国际艺坛。

在张大千富有传奇色彩的艺术生涯中，“礼佛敦煌”可以说是其艺术最高峰。张大千对敦煌的了解始于20世纪20年代，先从上海曾农髯、李梅庵处略有听说，后又在北平、上海等处见过零散的敦煌写经和绢画真迹，大为惊讶。自此敦煌艺术与张大千结下不解之缘。综合来说，张大千与敦煌的故事，大致分为出发前往敦煌、停留的时间一再延长、在敦煌的各项工作、临摹作品大受欢迎、陷入是否“破坏”壁画之争。

1941年5月，张大千带着夫人杨宛君、次子张心智西赴敦煌。在到达敦煌石窟之前，张大千已拜谒过洛阳龙门石窟、四川千佛崖石窟和天水麦积山石窟，每次都大发慨叹，深深地为中国壁画艺术之精美所折服。莫高窟为中国石窟艺术之最，位在极上，张大千必然不会错过。

在张大千的敦煌礼佛计划中，原本计划了三个月时间。但抵达敦煌后被藏经洞内的唐代《拄杖仕女图》所吸引，计算到三四百个石窟，半天看一个，也要两百来天，于是改变计划，不做寻常游览玩耍的人，原本计划走马观花，往返三个月，现在看来要下马观花了，最少也要半年时间。然而工作了三个月之后，张大千经过反复思考，从事业上着想，决定待上二至三年。以上可以看出张大千游历敦煌的初衷并非在于求书画之法，也非求名之术，或许之前也无法想象之后会因此名利双收，而是抱着与平素一样，往登高山增长见识、开抒胸襟之目的，仅仅是做一番参观浏览而已，但当他面对万米壁画、千尊塑像时，张大千以名画家特有的敏锐眼光，不仅看到了壁画艺术的真正价值，更是悟到了千佛洞所包含的艺术之大略和莫高窟所蕴藏的深厚文化底蕴，从而萌发了“搞不出名堂，不看回头路”的念头。

到达莫高窟的前三天，张大千一直陪同同行的书画家范振绪参观石窟。范振绪离开后，他就开始了正式工作。不过起初的清沙和编号这两项，就辛苦工作了整整五个月时间，这也是他们第一次进入敦煌的全部工作。

张大千重新编号是根据祁连山上流下来水渠的方向，由上而下，由南至北的顺序，再由北向南，如是者四层，有规则地编了309个洞。张大千的编号有很强的实用性，如果只是去游览，顺着大千先生编的号，不会走冤枉路，一天可以浏览完309个洞窟。最初半年内，除给洞窟编号外，张大千的另一主要工作就是记录研究，对有纪年的壁画加以分类比较，确立各时期作品的风格流派和承启关系，考订各时期风俗习惯以及各个朝代的衣冠制度，对敦煌艺术有了较全面的认识。

记录工作进行了四五个月后，张大千对敦煌石窟已有了大致的了解，这时，他改变了原计划，不想马上回成都了，而且还请画家谢稚柳和学生刘力上、肖建初也来敦煌从事壁画的临摹。

在临摹壁画前，张大千为了临摹的质量，还到青海请了藏族画师，并买了矿物质颜料来进行绘画。

敦煌的冬天是特别寒冷的，莫高窟的绝大多数洞窟都没有窟门，而一些小窟离外面又很近，最冷的时候，会滴水成冰，而要临摹一幅壁画，就要在一堵墙壁的某一位置连续工作较长时间，尽管他们身穿老羊皮大衣，但仍然冻得非常难受。有时刚把颜色着在画布上，就被冻住了。张大千也常常是一头沙土，满身颜色。他曾开玩笑说他们就像一群犯人在敦煌受刑。生活、工作条件都很差，但是每个人心里都是高兴的、心甘情愿的。

从1941年6月到敦煌，1943年10月离开，在两年多的时间里，张大千除了给莫高窟、榆林窟、西千佛洞等编号、记录，还写了20多万字的学术著作《敦煌石室记》初稿（1985年，台湾“国立故宫博物院”以《莫高窟记》之名出版）。作为职业画家，他率领门生子侄在敦煌两年多，他为调查、临摹、保护、研究、宣传敦煌艺术付出了极大的努力和无数的心血，据说全部花费达“五百条黄金”之多，最终复制了

276件敦煌壁画。正如叶浅予在《张大千临摹敦煌壁画画册序言》中所说："作为一个在艺术上已有很大成就的画家，为了追寻六朝隋唐遗迹，不避艰辛，投荒面壁将近三载，去完成只有国家财力才能做到的事，他的大胆行动已超出个人做学问的范围。尽管后来国家组织了敦煌艺术研究所，为保护石窟和艺术研究做了大量工作，但不能不承认张大千在这个事业上富于想象力的贡献及其先行者的地位。"

张大千选择了敦煌，敦煌也成就了张大千。由于张大千临摹的敦煌壁画在许多城市展出，使国人知道了敦煌，了解了敦煌艺术。而张大千本人也通过敦煌艺术迎来了自己的又一个艺术高峰，成了中国画坛的领袖人物。1941年夏，张大千将20余幅摹本寄回成都，委托友人举办《张大千西行纪游画展》。此时人们对张大千的画作褒贬不一。1943年8月，摹本在兰州展出，有许多人重金欲购，均被先生婉拒。1944年1月，展览在成都举办，各界盛赞。1944年5月，展览移至重庆，引起轰动。1946年10月，摹本于上海展出，震惊艺坛，九州盛起"敦煌热"。1950年春，张大千受邀赴印度展览画作，大受欢迎。1957年，作品由《朝日新闻》主办在日本东京展出，轰动东瀛。

张大千对敦煌石窟艺术的贡献是多方面的，陈寅恪先生在看过张大千临摹的敦煌壁画展览后，于1944年1月21日专门写了《观大千临摹敦煌壁画之所感》以推崇："吾国人研究此历劫仅存之国宝者，止局于文籍之考证，至艺术方面，则犹有待。大千先生临摹北朝唐五代之壁画，介绍于世人，使得窥见国宝之一斑，其成绩固已超出以前研究之范围，何况其天才特具，虽是临摹之本，兼有创造之功，实能于吾民族艺术上别辟一新境界，其为'敦煌学'领域中不朽之盛事，更无论矣！"陈先生表扬了张大千在敦煌艺术的宣传和创造方面开辟了新境界，为敦煌学研究开辟了新方向。

综合来说，首先是张大千临摹了大批壁画，并在全国各地展出，宣传了敦煌艺术。1943年8月14日，《张大千临摹敦煌壁画展览》在兰州隆重开幕，展出21幅作品，最大者高一丈、宽一丈九尺。回到成都后，《张大千临摹敦煌壁画展览》于1944年1月25日开展，展出44幅作品，同时展出的还有敦煌壁画、彩塑的巨幅照片20幅，真实再现了敦煌艺术的壮丽风采，参观人士莫不叹为观止。甚至可以说，就是张大千开创了敦煌艺术的研究。因为在此之前，敦煌学研究重视的是藏经洞发现的文书，此后，敦煌艺术成了敦煌学研究的另一个重要方面。

其次，张大千还注意学习敦煌艺术遗产，他不仅继承，而且还能推陈出新，发扬光大。他除了临摹敦煌壁画外，还在临摹的同时创造了新的手法从事绘画，如他用古代的绘画传统来表现现代题材，使人耳目一新，很受大众喜爱。正是通过敦煌壁画的临摹，使他的线描更加成熟了，在人物画方面也有了长足的进步和很大的发展。可以说，敦煌成就了张大千，敦煌壁画的临摹，使张大千成了一位世界级的画家。

再次，张大千对敦煌壁画的临摹，尤其是在各地的展出，不仅宣传了敦煌艺术，而且还带动了敦煌艺术的研究。如段文杰就是在重庆看了画展后，才被吸引到敦煌来的；另如1944年在成都举办画展时，史苇湘还是四川艺专的一年级学生，正是看了画展，才使他对敦煌艺术产生了热爱，并义无反顾地去了敦煌。以段文杰、史苇湘为代表的一批以石窟艺术研究著称的敦煌学家，将自己的一生都献给了敦煌，如果没有张大千临摹的敦煌壁画展，他们的人生道路可能就是另外一条。

另外，张大千还对敦煌艺术研究所的成立有促进作用。当洞窟编号开始不久，国民政府监察院院长于右任和甘宁青监察使高一涵在甘肃省军政官员的陪同下视察河西走廊来到敦煌。由于张大千和于右任有深交，相互来往、交谈也就随便多了。张大千向于右任建议，应该在莫高窟设立专门的研究机构。于右任表示，回到重庆后就向政府有关方面提出成立敦煌艺术研究单位的设想。

关于张大千的敦煌之行，我们还有另一个方面需要探讨，那就是长久以来一直存有争议的——张大千有没有破坏敦煌壁画。我们前面已经说过了，20世纪40年代，张大千带着家人和几个学生来到甘肃敦煌，在莫高窟一住就是将近三年，临摹敦煌壁画，并顺便做了一些修整和维护的工作。其中最有争议的一件是，张大千曾经亲手剥离了几个洞口甬道上的壁画，使得壁画后面被覆盖住的年代更早的壁画显现了出来。原来敦煌壁画常常画中有画，最里面一层是唐代的，偶有后人在壁画上抹上灰泥，重新绘上一层画，以适应不同时代的审美观和宗教内容。一般来说唐代的壁画比宋、明、清的壁画更精美，于是张大千就剥离了甬道两侧受损害较大的壁画，使得被覆盖在下层更精美的壁画重见天日。因此张大千在敦煌临摹壁画时，打掉壁画的消息就传到了重庆。重庆国民党政府行政院当即发电报给敦煌县县长要查实这一情况，但电报写得比较婉转："张大千君，久留敦煌，中央各方，颇有烦言，敕敦煌县县长，转告张大千君，对于壁画，毋稍污损，免兹误会。"

关于张大千打掉敦煌壁画之事，郑重先生总结有三种说法：

第一种说法：张大千率弟子们在第20号窟临摹，注意力集中在一幅五代壁画上，目光偶然落到右下角，看见早已剥落的那小块壁画下面，内层隐隐约约有颜色和线条，他认为画的下面还有画。当天晚上，张大千到上寺请教老喇嘛，老喇嘛说："我幼年进庙时，老法师带我去看壁画，曾经对我说，莫高窟到处是宝，画下面有画，宝中有宝。"张大千和弟子们商量后，决定打掉外面的一层。在剥落之前，他把上面一层五代画临摹下来，剥落后，下面果然是一幅敷彩艳丽、行笔敦厚的盛唐壁画。张大千并不避讳此事，在《临摹敦煌画展览目次》中也曾叙述此事："莫高窟重遭兵火，宋壁残缺，甬道两旁壁画几不可辨认。剥落处，见内层隐约尚有画，因破败壁，遂复旧观，画虽已残损，而敷彩行笔，精英未失，因知为盛唐名手也。东壁左，宋画残缺处，内层有唐咸通七载（866年）题字，尤是第二层壁画，兼可知自唐咸通至宋，已两次重修矣。"

第二种说法：张大千在敦煌期间，重庆国民党监察院院长于右任和高一涵在西北视察时，曾绕道敦煌，与张大千共度中秋。此时已是63岁的于右任，到了敦煌，流连忘返，由张大千陪着观看壁画。于右任的随员、且是敦煌土著的窦景椿，在纪念张大千的一篇文章《张大千先生与敦煌》中有着这样的论述："我随右老由兰州前往敦煌，及驻军师长马呈祥等人，记得参观到一个洞内，墙上有两面壁画，与墙壁底层的泥土分离，表面被火焰熏得黑沉沉的，并有挖损破坏的痕迹……从上面坏壁的缝隙中，隐约可见画像的衣履，似为唐代供养人像，大千先生向右老解释，右老点头称赞说：‘噢，这很名贵。’但并未表示一定要拉开坏壁。县府随行人员为使大家尽可能看到底层画像的究竟，手拉着上层张开欲裂的坏壁，不慎用力过猛，撕碎脱落，实则因年久腐蚀之故。”

第三种说法：张大千跟于右任商量以后，命马呈祥的士兵打掉的。当时社会传言张大千破坏敦煌壁画，并引起重庆方面的误解，窦景椿在文章中说出了起因：“适有外来游客，欲求大千之画未得，遂向兰州某报通讯，指称张大千有任意剥落壁画、挖掘古物之嫌，一时人言啧啧，是非莫辨。”

张大千从敦煌回成都昭觉寺，继续完成在敦煌未完成的工作，当时在重庆监察院任职的沈尹默写了一首诗赠他：“三年面壁信堂堂，万里归来鬓带霜；薏苡明珠谁管得，且安笔砚写敦煌。”

综上所述，张大千先生的敦煌之行，从敦煌学研究和敦煌艺术传播方面来说是一个非常伟大的举动，这一举动甚至影响了整个学科的人员构成和发展方向，但是跟他有关的破坏壁画的传言，却也是敦煌学爱好者、研究者需要进一步钻研的话题。先哲曾说硬币有两面，任何人都无法逃脱这古老的智慧，甘蔗没有两头甜，身为知名人士，这也是必须承受的吧。

历史中的悲喜

藏经洞被打开之后，数万卷的文书展露于世，敦煌莫高窟作为“墙壁上的图书馆”再次汇聚了世人的目光，敦煌学作为一门国际显学呈现在世人面前，尤其多年前一语“敦煌在中国，敦煌学在世界”，让世人对此充满好奇与向往。

此部分选取了部分的敦煌经卷与敦煌壁画故事，来呈现千年前的敦煌生活。这里是敦煌学最初起源的地方，与世界上的其他地方一样，这里的生活也充满了喜乐与无奈。

# 亡国之忧

## P.3633沙州百姓一万人上回鹘天可汗状

1 （前缺）等一万人献状上

2 回鹘大圣天可汗金帐

3 □沙州本是大唐州郡。去天宝年中，安禄

4 山作乱。河西一道，因兹陷没，一百余年，名管

5 蕃中。至大中二年，本使太保，起敦煌甲

6 □，□却吐蕃，再有收复。尔来七十余年，

7 朝贡不断。太保功成事遂，仗节归

8 唐，累拜高官，出入殿庭，承恩至重。后

9 □染疾，帝里身薨，子孙便镇西门，已至今

10 □。中间遇

11 天可汗居住张掖，事同一家，更无贰心；东路

12 开通，天使不绝。此则可汗威力所置，百姓

13 □甚感荷，不是不知。近三五年来，两地被人

14 斗合，彼此各起仇心，遂令百姓不安，多所

15 煞伤。沿路州镇，逦迤破散，死者骨埋荒

口，生者分离异土，号哭之声不绝，怨恨之气冲天，耆寿百姓等披诉无地。伏维大圣回鹘天可汗，为北方之人主，是苍生之□□，□□察知，百姓何辜，遭此残害？今□□□□□□□□和，两件使回，未蒙决□□□□□□□战，兵戈抄劫，相续不断。□月二十六日，狄银领兵，又到管内。两刃交锋，各有伤损。口云索和，此亦切要。遂令宰相、大德僧人，兼将顿递，迎接跪拜，言语却总□□。狄银令天子出拜，即与言约。城隍耆寿百姓，再三商量：

“可汗是父，天子是子。和断若定，此即差大宰相、僧中大德、敦煌贵族耆寿，赍持国信、设盟文状，便到甘州。函书发日，天子面东拜跪，固是本事，不敢虚诳，——岂有未拜□耶，先拜其子？恰似不顺公格。罗通达所入南蕃，只为方便打叠吐蕃。甘州今已和了，请不□来，各守疆界，亦是百姓实情。且太保弃蕃归化，当尔之时，见有吐蕃节儿镇守沙州。太保见南蕃离乱。乘势共沙州百姓，同心同意，穴白趁却节儿，却着汉家衣冠，永抛蕃丑。太保与百姓重立咒誓，不看

38 吐蕃。百姓等感荷太保，今为神主，日别
39 求赛，立庙见在城东。吐蕃不论今生，万
40 岁千秋，莫闻莫见。天子所勾南蕃，只为
41 被人欺屈，大丈夫之心，宁无怨恨？天子一时间
42 懆懆发心，百姓都来未肯。况食是人天，沙州
43 □□亦是天生人民，不省曾与
44 天可汗有煞父害母之仇，何故频行劫煞？万姓告
45 天，两眼滴血。况沙州本是善国神乡，福德
46 之地。天宝之年，河西五州尽陷，唯有敦煌一
47 郡，不曾破散。——直为本朝多事，相救不得
48 □没吐蕃。——四时八节，些些供进，亦不曾辄有
49 移动。经今一百五十年，沙州社稷，宛然如
50 旧，东有三危大圣，西有金鞍毒龙，常时
51 卫护一方处所。伏望
52 天可汗信敬神佛，更得延年，具足百
53 岁，莫煞无辜百姓。上天见知，耆寿百
54 姓等誓愿依凭
55 大圣可汗，不看吐蕃为定。两地既为子父，
56 更莫信谗。”今且先将百姓情实，更无虚
57 议，乞
58 天可汗速与回报，便遣大臣僧俗一时齐
59 到。已后使次，伏乞发遣好人；若似前回长

60 使，乞不发遣。百姓东望指挥，如渴思浆，

61 如子忆母。伏乞

62 天可汗速赐详断。谨录状上。

63 辛未年七月日沙州百姓一万人状上

解读：《沙州百姓一万人上回鹘天可汗状》（简称《上回鹘天可汗状》）见P.3633v，系草稿，共63行，是金山国宰相兼御史大夫张文彻以沙州百姓名义，在辛未年（911年）七月二十六日后数天之内草写的。其时，甘州回鹘可汗之弟“狄银领兵，又到管内”，金山国政权处于危亡关头。《上回鹘天可汗状》便是在甘州回鹘兵临城下的情况下写给甘州回鹘天可汗的一件议和状文，属于实用文书。然而，该状文的文学色彩很浓，可以将其当成文学作品来读，也可以将其视为金山国文学的代表作之一。

由于甘州回鹘已然兵临城下，金山国数万百姓生命危在旦夕，再回顾近年以来“百姓不安，多所煞伤。沿路州镇，逦迤破散，死者骨埋荒口，生者分离异土，号哭之声不绝，怨恨之气冲天，耆寿百姓等披诉无地”，可见文卷书写者悲天悯人之叹，叫天天不应叫地地不灵，小子无才只能妥协求助，再一句“百姓何辜，遭此残害？”引发读者悲痛之同感。最后的解决方案就是金山国百姓以天可汗马首是瞻，不眷恋

回鹘一丝一毫，希望天可汗与金山国结为父子关系，既成父子，莫信谗言。

本文书写作的可爱之处有二：其一既是官方实用文书，但是文书中大段引用商议之言，好似街头聊天无所顾忌，官方文献的专业性不强。其二，文书最后语天可汗言曰，可汗若要派遣使者，希望您派遣个好人，如果像之前的使者那样，还不如不派，街头巷语之感更加明显。给读者留下的印象不像危在旦夕的战争和谈文书，千年前的官员水平或者普遍文化水平可窥一斑矣。

# 土地之争

P.3257《后晋开运二年（945年）十二月河西归义军左马步押衙王文通牒及有关文书》

（一）

寡妇阿龙右阿龙前缘业薄，夫主早丧。有男义成，先蒙大王世上身着瓜州。所有少多屋舍，先向出买（卖）与人，只残宜秋口分地贰拾亩已来，恐男义成一朝却得上州之日，母及男要其济命。义成瓜州去时，地水分料分付兄怀义佃种，更（拾）得房索佛奴兄弟言说，其义成地空闲。更弟佛奴房有南山兄弟一人投来，无得地水居业，当便义成地分贰拾亩，割与南山为主。其地南山经得三两月余，见沙州辛苦难活，却投南山部族。义成地分，佛奴收掌为主，针草阿龙不取。阿龙自从将地，衣食极难。良（恳）求得处，安存贫命，今阿龙男义成身死，更无丞忘处男女恩亲。缘得本居地水，与老身济接性命。伏乞司徒阿郎仁慈祥照，特赐孤寡老身念见苦累。伏听公凭裁判处分。牒件状如前谨牒。开运二年十二月日寡妇阿龙牒付都押衙王文通细与寻问申上者。十七日（签字）

（二）

甲午年二月十九日索义成身着瓜州，所有父祖口分地三拾贰亩，分付与兄索怀义佃种。比至义成到沙州得来日，所着官司诸杂烽子、官柴草等大小税役，并总兄怀义应料，一任施功佃种。若收得麦粟，任自兄收，颗粒亦不论说。义成若得沙州来者，却收本地。渠河口作税役，不忏自兄之事。两共面（对）平章，更不许休悔者。如先悔者，罚壮羊壹口。恐人无信，故立文凭，用为后验。佃地人兄索怀义（押）种地人索富子（押）见人索流住（押）见人书手判官张盈□（押）

（三）

都押衙王文通

右奉判，付文通勘寻陈□□□□□（状寡妇阿龙）及取地侄索佛奴，据状词理，细与寻问申上者。问得侄索佛奴称，先有亲叔索进君幼小落贼，已经年载，并不承忘，地水屋舍，并总支分已讫。其叔进君贼中偷马两疋，忽遇至府官中纳马一疋。当时恩赐马贾（价），得麦粟壹拾硕，立机緤伍疋，官布伍疋。又请得索义成口分地贰拾贰□（亩），进君作户生（主）名，佃种得一两秋来。其叔久居部族，不乐苦地，却向南山为活。其地佛奴承受，今经一十余年，更无别人论说。其义成瓜州致死，今男幸通及阿婆论此地者，

不知何理。伏请处分。取地人索佛奴左手中旨节

问得陈状阿龙称有男□□□（索义成）犯公条，遣着瓜州，只残阿龙有口分地三拾贰亩。其义成去时，出买（卖）地拾亩与索流住，余贰拾贰亩与伯父索怀义佃种，济养老命。其它（地），佛奴叔贼中投来，分（本）居父业，总被兄弟支分已讫，便射阿龙地水将去。其时欲拟谘申，缘义成犯格，意中怕怖，因兹不敢词说。况且承地叔在，不合论诤。今地水主叔却投南山去，阿龙口分别人受用。阿龙及孙幸通无路存济，始过（是故）陈状者，有实。

陈状寡妇阿龙右手中旨节

问得佃种伯父索怀义称，先侄义成犯罪遣瓜州，地水立契仰怀义作主佃种，经得一秋，怀义着防马群不在。比至到来，此地被索进君射将。怀义元不是口分地水，不敢论说者，有实。

左手中旨节

立契佃种人索怀义

右谨奉付文通勘寻陈状寡妇阿龙及侄索佛奴、怀义词理，一一分析如前，谨录状上。牒件状如前，谨牒。开运二年十二月日左马步都押衙王文通牒

其义成地分赐进君，更不回戈。其地便任阿龙及义成男女为主者。

廿二日（签字）

解读：由于气候干燥，适宜耕种的土地并不富裕，因此敦

煌人长久以来一直为土地而担忧。文书中的寡妇阿龙因为上文中的土地诉状而为我们所知。这个诉状惊动了敦煌王，敦煌王曹元忠亲自审理了这个案件。阿龙与儿子义成原本有土地32亩，儿子犯罪被判去瓜州，阿龙出卖了10亩土地，剩下的22亩由哥哥索怀义佃种。恰好阿龙的侄子索佛奴自小落寇的叔叔索进君偷了两匹马回来，其中一匹被官府征用，获得了马匹应得的报酬，又另外申请到了索义成的土地耕种。谁知索进君耕种了不久就又回到南山部落了，他的土地由侄子索佛奴继续耕种，十几年后，寡妇阿龙的儿子索义成在瓜州丧命，年迈的老母阿龙与年幼的孙子幸通生活没有着落，于是想要回十几年前原本属于她家的土地。敦煌王最终评判土地已归属索进君，不再更改，但索进君早已离开当地，地实属无主，仍然归阿龙与孙子索幸通耕种。不谈土地原属问题，只谈土地流转问题，最后仍圆满解决了纷争，可见官员为政之道。

这个诉状不仅由于土地纠纷而引人注目，而且从法律研究的角度出发，它是一个完整的诉状、索证以及最终判定的文献，对于研究古代的法律制度具有一定的意义。这个诉状让人看到寡妇独自抚养晚辈的悲哀，文中寡妇阿龙与索佛奴系姑侄或婶侄关系，但是谈及土地经济等问题时，家族内多人无法处理必须告官，从另一个方面可以看出当时因土地缺乏引发矛盾重重。

# 家庭悲剧

P.3964《乙未年（935年？）塑匠赵僧子典男契》

乙未年十一月三日立契。塑匠都料赵僧子，伏愿家中户内有地水出来，缺少手上工物，无地方觅。今有腹生男苟子，只（质）典与亲家翁贤者李千定。断作典直价数，麦贰拾硕，粟贰拾硕。自典已后，人无雇价，物无利润。如或典人苟子身上病疾疮出病死者，一仰兄佛奴面上取于本物。若有畔上及城内偷劫高下之时，仰在苟子祗当。忽若恐怕人无凭信，车无明月，二此之间，两情不和，限至六年。其限满足，容许修（收）赎。若不满之时，不喜（许）修（收）赎。伏恐后时交加，故立此契，用为后凭。只（质）典身男苟子（押）

只（质）典口承兄佛奴（押）商量取物父塑匠都料赵僧子（押）知见亲情米愿昌（押）知见亲情米愿盈（押）知见竝畔村人杨清忽（押）知见亲情开元寺僧愿通（押）

解读：这是一个典当亲生儿子给亲家的文书。赵僧子家中耕种缺少劳动工具，于是将亲生儿子苟子典当的事情。文书中写道典当期限为六年，六年界满则允许赎回，如若期限未满，而荀子生病甚至去世，则任由亲家李千定直接取回粟麦。相当于一个年轻人的生命和价值仅仅值二十硕麦、二十硕粟的利息，人一旦死了，财物如数取回，人还不如粟麦值钱，普通人真实的生活可见一斑。这不仅仅真实，而且有点残酷，在我们想象不到的地方，你不知道其他人怎么生活。

# 新婚之喜

P. 3350《下女夫词》

〔儿家初发言〕：贼来须打，客来须看，报道姑嫂，出来相看。

女答：门门相对，户户相当，通问刺史，是何祇当？

儿答：心游方外，意遂恒娥。日为西至，更兰至此。人先马乏，暂欲停流（留），幸愿姑嫂，请垂接引！

女答：更深月朗，星斗齐明，不审何方贵客，侵夜得至门庭？

儿答：凤凰故来至此，合得百鸟参迎。姑嫂若无疑□，火急反身却回。

女答：本是何方君子，何处英才？精神磊朗，因何到来？

儿答：本是长安君子，进士出身。选得刺史，故至高门。

女答：既是高门君子，贵胜英流，不审来意，有何所求？

儿答：闻君高语，故来相头（投），窈窕淑女，君子好求！

女答：金鞍骏马，绣褥交横，本是何方君子，至此门庭？

儿答：本是长安君子，赤悬（县）名家，故来参谒，（聊）

作荣华。

女答：使君贵客，远涉沙碛，将郎通问，体内如何？

儿答：刺史无才，得至高门，皆蒙所问，不胜战陈。

再问：更深夜久，故来相过，姑嫂如下，体内如何！

女答：庭前井水，金木为兰（栏），姑嫂如下，并得平安。

儿答：上古王娇（乔）是先（仙）客，传闻列使（史）有荆轲。今过某公来此问，未知体内意如何？

〔女答〕：孟春己暄，车马来前，使君贵客，体内如何？

儿答：此非公管（馆），实不停流（留）：有事速语，请莫干羞。

女答：亦非公管（馆），实不停流（留）：发君归路，莫失前程。

儿答：车行辋尽，马行蹄川（穿）；姑来过此，任自方圆。

女答：何方所管？谁人伴换？次第申陈，不须潦乱。

儿答：炖煌县摄，公子伴涉，三史明闲，九经为业。

女答：夜久更兰（阑），星斗西流，马上刺史，是何之州？

儿答：金雪抗丽，辽（聊）此交游，马上刺史，本是沙州。

女答：英毛（髦）荡荡，游称阳阳，通问刺史，是何之乡？

儿答：三川荡荡，九郡才郎，马上刺史，本是炖煌。

女答：何方贵客，霞霄（宵）来至，敢问相郎，不知何里。

儿答：天下荡荡，万国之里，敢奉来言，具答如此。

女答：人须之（知）宗，水须之愿（知源），马上刺史，望在何川？

儿答：本是三州游奕，八水英贤，马上刺史，望在（秦）川。

女答：君登贵客，久立门庭，更须申问，可（何）昔（惜）时光。

儿答：并是国中窈窕，明解书章，有疑借问，可（何）昔（惜）时光。

女答：立客难发遣，展褥铺锦床，请君下马来，缓缓便商量。

束带结凝妆，牵绳入此房，上圆初出卯，不下有何方（妨）！

儿答：亲贤明镜近门台，直为桥（娇）多不下来，只有绫罗千万疋，不要胡伤（觞）数百杯。

女答：上酒。酒是蒲桃酒，将来上使君，幸垂与饮却，延得万年春。

儿答：酒是蒲桃酒，先合主人尝：姑嫂已不尝，其酒洒南墙。

女答：酒是蒲桃酒，千钱沽一斟，即问姑嫂郎，因何洒我酒？

儿答：舍后一园韭，刈却还如旧；即问二姑嫂，因何行药酒？

女答：请下马诗：窈窕出兰闺，步步发阳台，刺史千金重，终须下马来。

儿答：刺史乘金镫，手执白玉鞭，地上不铺锦，下则实不肯。

女答：锦帐已铺了，绣褥未曾收，刺史但之下，双双宿紫楼。

儿答：使君今夜至门庭，意（一）见恒娥秋月〔明〕，姑婕〔更〕蒙屈下马，相郎不敢更相催。请下床，陋足（漏促）更声急，星流月色藏，良辰不可失，终须早下床。

儿答：〔月〕落星光晓，更深恐日开，若论成大礼，请须自状来。

论女家大门词：柏是南山柏，将来作门额；门额长时在，女是暂来客。

至中门咏：团金作门扇，磨玉作门镮，掣却金钩锁，拔却紫檀关。

至堆诗：彼处无瓦砾，何故生此堆？不假用锹，且借玉琶摧。

至堂基诗：琉璃为四壁，磨玉作基阶。何故相要勒？不是太山崔。

〔逢锁诗〕：锁是银钩锁，铜铁相铰过，蹔借钥匙开，且放刺史过。

至堂门咏：堂门策四方，里有四合床，屏风十二扇，锦被画文章。

论开撒帐合诗：〔第一〕一双青白鸽，绕帐三五匝，为言相郎道：「遶帐三巡看」！

去童男童女去行座幛诗〔第二去行座障诗〕：夜久更兰（阑）月欲斜，绣障玲珑掩绮罗，为报侍娘浑擎却，从他附（驸）马见青娥。〔又云〕：锦幛重重掩，罗衣队队香，为言姑嫂道：「去却有何方（妨）！」

〔去扇诗〕：青春今夜正方新，红叶开时一朵花。分明宝树从人看，何劳玉扇更来遮！千重罗扇不须〔遮〕，百美娇多见不犭奢，侍娘不用相胥（要）勒，中（终）归不免属他家。

〔咏同牢盘：一双同牢盘，将来上二官，为言相郎道：「遶帐三巡看」〕。

〔去帽惑诗〕：璞璞一颈花，蒙蒙两鬓渣（遮），少来鬓发好，不用冒或遮。

〔去花诗〕：一花却去一花新，前花是价（假）后花真；假花上有衔花鸟，真花更有彩（采）花人。

〔脱衣诗〕：山头宝径甚昌杨，衫子背后双凤凰，襪裆两袖双鵶鸟，罗衣接褋入衣箱。

合发诗：本是楚王宫，今夜得相逢，头上盘龙结（髻），面上贴花红。

疏头诗：月里娑罗树，枝高难可攀，蹔借牙疏子，筭发却归还。

〔系指头诗：系本从心系，心真系亦真。巧将心上系，付以系心人〕。

咏系去离心人去情诗：天交织女渡河津，来向人间只为人，四畔旁人总远去，从他夫妇一团新。

〔咏下帘诗〕：宫人玉女自纤纤，娘子恒娥众里潜，微心欲拟观容貌，蹔请傍人与下帘。

解读：这是民俗作品中非常独特的作品，是一篇民间迎亲的婚俗记录。“下女夫”的意思，学术界一般认为“女夫”就是女婿的意思，“下”有戏弄调侃之意，“下女夫”就是男方到女方家成礼，女方故意闭门不纳，双方傧相互相酬唱，最后女方请男方下马的婚仪。《下女夫词》基本反映了唐五代瓜沙地区民间迎亲婚仪的全过程。在此篇作品中，黄昏时间男方到女方家门口，先喊门，然后双方开始问答。来者自报家门，说明家族来历，然后表明来意，等女方一番诘问之后，便邀请男方下马成礼。男方下马之后行至大门有大门词，行至中门有中门词，之后又有去童男女、去帽、去花诗等，至此婚姻礼成事毕。

# 文学之乐

S.3835号卷背有有趣的诗图4幅：

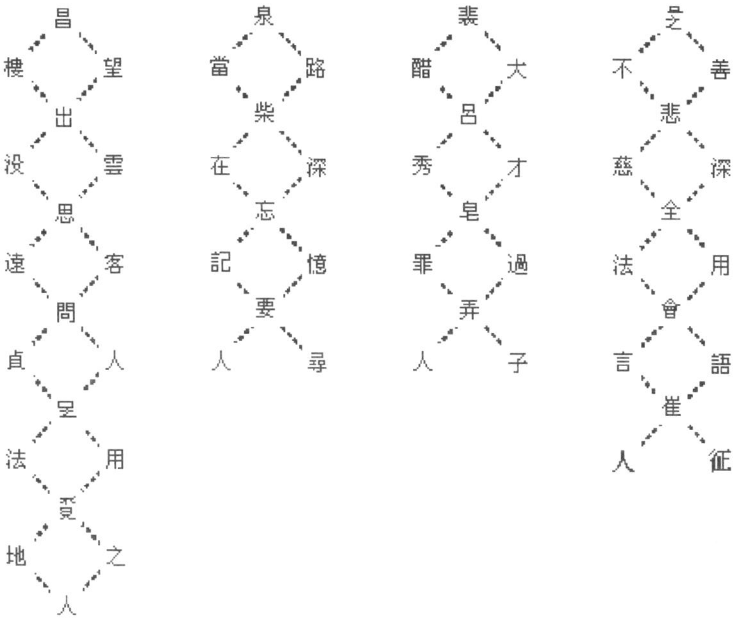


（1）　（2）　（3）　（4）

这种诗图究竟怎样解读，长期以来不得而知。而P.3597号文书却提供了答案，该卷文书有一首诗曰：

日日昌楼望，山山出没云。

田心思远客，问（门）口问贞（征）人。

这首诗就是第一幅诗图的前几句，两相对照，可知诗图写的是离合诗，即一种拆离和拼合字形的诗。诗图中间一行是每句首字，先离之为二，再合之为一。例如“昌”字，先离为“日日”两字，再合为“昌”字，一字三用，据此可将以上诗图解读为：

日日昌（倡）楼望，山山出没云。

田（填）心思远客，门口问贞（征）人。

口之（知）足法用，不见觅之人。

白水泉当路，此木柴在深。

亡心忘记忆，而女要人寻。

非衣裴醋大，口口吕秀才。

白匕皂（造）罪过，王廾弄人子。

且之（知）是不善，非心悲慈深。

人王全法用，人曾会言语。

山佳崔人征（正）。

这些诗图的有些句子不甚可解，给人以生拼硬凑的感觉。如果从另一角度考虑，这些诗图也可以这样解读，即每三字为一句：

昌（倡）楼望，出没云。思远客，问贞（征）人。
足法用，觅之人（原图衍一“地”）。

泉当路，柴在深。忘记忆，要人寻。

裴醋大，吕秀才。皂（造）罪过，弄人子。
是不善，悲慈深。全法用，会言语，崔人征。

解读：普通人的生活里充满酸甜苦辣，有一种快乐是作诗娱人娱己。

# 传说之言

S.2630《唐太宗入冥记》

皇帝遂依崔子玉所请，进步而行。崔子玉前，皇帝随后，入得屏墙内东面，见有廿所已来，皇帝问从者："第六曹司内有两人哭为何事？得尔许哀。"崔子玉奏曰："不是余人，建成、元吉二太子。"皇帝闻之，□□语崔子玉曰："朕不因卿追来到此，凭何得见兄弟□？"崔子玉奏曰："二太子在来多时，频通款状，苦请追取陛下对直。称诉冤屈，词状颇切，所以追到陛下对直。陛下若不见兄弟，臣与陛下作计校有路；陛下若入曹司，与二太子相见，恰是冤家相逢，臣亦无门救得陛下，应不得却归长安。惟陛下不用看去，甚将稳便。"帝闻此语，更不敢多问，遂匆匆上厅而坐……（崔子玉对皇帝）问："大唐天子太宗皇帝在武德七年，为甚杀兄弟于前殿，囚慈父于后宫？"

解读：《唐太宗入冥记》的要点是从普通人的角度辨明"玄武门之变"的是非，如借太宗之口，说出建成、元吉哀哭；借崔子玉之口，说出建成、元吉“称诉冤屈，词状颇切”，显示太宗杀兄弟之非。文章将一代英主唐太宗理屈词穷的窘状描绘得栩栩如生，与把太宗形容得旷达、尊严、理直气壮的《朝野佥载》相比，《唐太宗入冥记》把太宗描绘得心慌、胆怯、理屈词穷，十分窝囊。显而易见，《朝野佥载》是偏袒太宗的，而《唐太宗入冥记》却同情建成、元吉，这是文人笔记与民间传说的重要区别，充分显示出作者的政治倾向。同时，也为研究历史提供了新的方向，虽然文学材料不足以为证，但是仍然让我们看到了历史的另一种可能性，这也是出土文献带给我们的另一种体会，今人的猜想与古人的看法在某种程度上是契合的。

# 童趣之喜

在有些敦煌写卷的尾部，还保留着一些抄写人的随手题诗。这些诗大都是即兴之作，以抒发个人抑郁不满的情怀，其中也有调侃戏谑之作，口语、俚词皆入诗中。虽然格调特殊，却也反映出当地抄书人的真实情怀。如：

S.0692学仕郎安友盛诗云：

今日写书了，合得五升麦。
高代不可得，还是自身灾。

P.3386三界寺学仕郎张富诗曰：

计写两卷文书，心里些些不疑。
自要身心恳切，更要师父阇梨。

北图宿字99号也有书手题诗：

写书今日了，因何不送钱？
谁家无赖汉，回面不相看。

敦煌的学郎和其他时代、其他地方的学生一样，活泼又顽皮，因而也留下了一些玩笑诗，如 S.0728《社司转帖》后有诗曰：

学郎大歌（哥）张富千，一下趁到《孝经》边。
《太公家教》多不残，猪猡儿口实乡偏。

解读：《孝经》《太公家教》就是这些学郎的课本，可见这些诗歌就取材于学郎们的身边之事。抄写之余、嬉笑之时这些体现学郎真性情的小文字让我们感受了另一重生活之感。虽然抄写、学习会有些许劳累，但是却掩盖不了童趣。这也是研究历史的时候需要体会的。历史应该是丰富多彩的，既有兵来将挡的大场面，也该有两小无猜的童真。

# 生意之经

P.3644店铺叫卖口号两篇：

其一：

某乙铺上新铺货，要者相问不须过。
交关市易任平章，卖物之人但且坐。

其二：

某乙铺上且有：桔皮胡桃瓤，栀子高良姜，陆路诃黎勒，大腹及槟榔。亦有莳萝荜拨，芜荑大黄，油麻椒祘（蒜），河藕弗（佛）香。甜干枣，醋齿石榴，绢帽子，罗幞头，白矾，皂矾，紫草苏芳。粆糖吃时牙齿美，饧糖咬（嚼）时舌头甜。市上买取新□袄，街头易得紫绫衫。阔口裤，崭新鞋，大跨腰带拾叁事。

解读：这是两篇店铺招徕叫卖的口号。第一篇主要说某某店铺里刚刚进了新货，请大家走过路过不要错过。买卖之事重要的是商量价钱，请大家来店里坐下看看货物然后价钱好商量。

第二篇则具体讲述了店里的货物，主要有橘皮、胡桃瓤（核桃仁）、栀子、高良姜（简称良姜）、陆路（即陆路通）、诃黎勒（即诃子）、大腹（即大腹皮，为槟榔的外壳）、槟榔、莳萝（即小茴香）、荜拨、芜荑、大黄、油麻、椒（胡椒）、蒜（大蒜）、河藕（莲藕）、佛香（供奉神佛、亡灵及焚化所用的香）、白矾、皂矾、紫草、苏芳（即紫苏，此物气味芳香，故称苏芳。医家以为，其芳香之气可以宣通郁气）、粆糖（即砂糖）、饧糖（俗称“糖醯”）、干枣、石榴等，多属药材。其中橘皮、高良姜、莳萝、荜拨、油麻、胡椒、大蒜、粆糖、饧糖等又是常用的调味品；胡桃瓤、河藕、粆糖、饧糖、干枣、石榴等亦可常食。此外，又有绢帽子、罗幞头、新□袄、紫绫衫、阔口裤、崭新鞋及大跨腰带等服饰及佩带之物。这些货品，有的出自本地，如胡桃、油麻、大蒜、干枣、粆糖、饧糖；有的来自中原，如芜荑、大黄、河藕、佛香、白矾、皂矾等；有的来自龟兹、于阗，如石榴、莳萝，唐代敦煌尚未种植；有的来自江南或岭南，如橘皮、栀子、陆路、高良姜；有的来自中亚、南亚，如诃黎勒、荜拨；有的来自南洋，如大腹、槟榔。这就是说，既有本地土产，又有内地和新疆及岭南的产品，还有远从波斯、印度、南洋等外国进口的舶来洋货；既有疗病药、调味品，又有时鲜干果、衣帽服饰，吃的、用的、穿的、戴的，一应俱全。透露出敦煌物资丰富、市场繁荣、贸易发达的盛况。

研究者李正宇认为这两篇口号是各个店铺招徕叫卖的一般模式，各个店铺根据自己不同的货物与经营范围可以对叫卖模板稍做修改。

# 后记：藏经洞打开百年追寻

在中国，有很多地方都叫千佛洞，但是被世界公认为“藏经洞”的却只有一个，那就是敦煌莫高窟第17号窟。一个小小的洞窟引来世人众多的注目，估计也是初建者始料未及的。当初在洞窟里留下经卷匆匆而去的人们也未曾料到千年之后有一群人苦苦地为它追寻。也许悲欢的意义也就在于此吧，未曾留意却冬去春来，不经意间已满树红花。

本书初稿完成之后，回头看着这些看似简单却又令人苦恼的文字，我才明白在书写的时候藏经洞也打开了我的悲喜。我曾为书写苦恼，我也曾为深入伤神，于是不断地翻开前贤的著作，阅读他们写下的关于敦煌的文字，最终却被他们感动。他们一直走在追寻真相的道路上，才有了今天享誉全球的国际显学。敦煌学如今的成就有他们的力量与汗水。在学业上我幻想着像我的前辈们一样目光独具、见识非凡，却在追赶的路上发现他们的汗水盖过了每一个文字。没有人像我以为的那样随随便便成功，他们在敦煌学研究的路上已从青葱变成白发，将来他们还要继续在这片土地上耕耘。一辈子就这样简单却辉煌地度过，也许这就是人生的价值和意义吧。

藏经洞的打开在一瞬间改写了历史，也书写了很多人的人生，这就是历史与普通人的关系吧。在这个群体里，我是一个小小的不见踪影的尘埃，感谢我的前辈们在前开疆拓土，感谢曾教过我的老师们，感谢我曾阅读、借鉴、学习过的每一位作者。尤其要感谢刘进宝先生和张鸿勋先生，感谢两位先生为我的学业出谋划策、提供资料。古谚云：一日为师，终身为父。两位先生不仅在生活上关照我、学业上提携我，还手把手地教我为人成长之道，唯有感恩，唯有继续努力在这片热土上奋斗，才是真正的“不负”。当将来的有一天我能够把我的老师教给我的、其他老师在著作里书写的全都转交给我的学生的时候，应该是藏经洞的额外收获吧。十年传授，百年怀念，薪火相传，终身相随。